U0164010

中國古代史學人物（下）

趙儷生等著

出版說明

在我國璀璨的文化洪流中，經、史、子、集是最主要的四大支流，其中，史籍的分量更是不可忽視。浩瀚精深的二十五史，綿延五千年不斷，博及政治、經濟、軍事、法律、文化、藝術等，其完備非其他民族所能媲美。

劉知幾曾說：「史才須有三長，世無其人，故史才少也。三長，謂才也、學也、識也。」所謂「才」，是指選擇鑑別、組織史料的能力；「學」，指能夠掌握豐富史料及編寫史書的知識；而「識」，則指歷史觀點、見解，以及敢於仗義直書的高尚品德。史學家不但需要掌握完備、周詳的資料，還須依照體例，將零碎資料編寫成冊，刪減煩瑣、補充缺漏，下筆又要流暢生動，避免艱澀之憾。其間，建立歷史觀點、直書其事而不偏頗，更要有超然的立場和勇於面對權貴的毅力。所以文學家易得，史學家難求，非有堅定的信念，不能完成歷史的使命。

本套書上、下兩册共介紹六十位史學家，他們雖擁有不同的思想體系和治學理念，但對史學事業的崇高理想則一，我們應該可以從他們的各種際遇裏，找到某些對自己未來道路的啓示吧！

編輯部　民國七十八年十二月

目錄

袁樞——因事命篇 不爲常格

賴長揚

袁樞，字機仲，南宋建州建安（今福州建甌）人，生於高宗紹興元年（西元一一三一年）。幼年「力學」，聰明穎悟，有大志。七、八歲時，就寫詩抒懷：「泰山一葉輕，滄浪一滴水，我觀天地間，何啻猶一指。」（《尚友錄》）令鄉人刮目相看。十七、八歲時，入太學，曾以〈修身爲弓賦〉試國子監，受到周必大、劉珙等人的讚賞，「皆期以遠器」。

宋孝宗初即位，很想一反高宗時期屈曲投降的政策，積極籌劃出師渡淮，收復北方，故首先求賢以自輔。降興元年（西元一一六三年）春，即開科取士。袁樞試禮部，詞賦第一，登進士，調溫州判官教授興化軍。五月，宋軍渡淮，結果大敗於符離。孝宗北伐之舉受到沈重打擊，於是重新起用秦檜餘黨。次年，與金訂立隆興和議。此後的三十餘年，雙方都未發生過大規模的戰爭。但金對南方的威脅並未消除，孝宗及主戰派的恢復之心也未完全泯滅。

袁樞有「愛君憂國之心，憤世疾邪之志」。乾道七年（西元一一七一年），爲禮部試官除太學錄，輪對上三疏，指陳時政：「一論開言路以養忠孝之氣，二論規恢復當圖萬全，三論士大夫多虛誕、僥榮利。」（《宋史．袁樞傳》）三月，孝宗以張說簽書樞密院事。張說以佞幸見進，朝論嘩然不平。袁樞與同僚楊萬里等亦草疏上奏。此事在衆人的反對下暫時被迫擱置起來。但不到一年，孝宗終於不顧朝臣交章拒命，擢用張說，反對者們相繼被逐。袁樞自度不爲所容，即求外補。乾道九年（西元一一七三年），出爲嚴州教授。

南宋承北宋餘緒，史學也很興盛。僅袁樞出生之後至他出任嚴州的四十餘年間，朝廷就先後置國史院和實錄院，撰修或重修《神宗哲宗實錄》、《兩朝忠義錄》、《徽哲宗寶訓》、《徽宗實錄》、《三朝史帝紀》、《元豐會要》、《國朝會要》諸書。私人作史之風也很熾烈，不少有影響的著作相繼問世。著名的有胡安國《通鑑舉要補遺》、鄭樵《通志》、李燾《續資治通鑑長編》、朱熹《資治通鑑綱目》。這些著作，或貫注了作者的政治思想，或顯示了在史書體裁方面的探索。袁樞素來喜讀《通鑑》。在任嚴州教授期間，他把自己的政治熱情轉傾於歷史之中，輯鈔《通鑑》，著成了別具一格的《通鑑紀事本末》（以下簡稱《本末》）一書。

《本末》四十二卷，選擇《通鑑》所記的一些大事，「每事各詳起訖，自爲標題，每篇各編年月，自爲首尾」，計列二百三十九個正目、六十九個附題，總爲一書。

《本末》的優點在於能在一篇之中集中反映出某一歷史事件的全過程。例如，秦併六國的經過，歷時約百四十年，在《通鑑》中分見於六個卷（卷二至卷七）；《本末》僅立《秦併六國》一目，從周顯王七年秦孝公立起，至始皇二十六年滅齊止，重點抄撮了有關秦富國強兵的措施及秦與六國關係的材料，使秦一統天下的歷史過程完整簡潔地反映出來了。又如，安祿山之事歷時三十餘年，散見於《通鑑》九個卷（卷二一四至卷二二二）；《本末》立《安史之亂》一目，把混雜於其它諸種史事中的有關材料搜尋出來，重新編排，集中展現了唐玄宗姑息養奸，最後導致大亂的經過。收到了「文省於紀傳，事豁於編年」（《文史通義・書教下》）的效果。

《本末》的最大特點在於它編纂史事的靈活性。《通鑑》所載一千三百多年的歷史，如按事件區分，可以歸爲若干個性質、內容各各不同的題目。袁樞在編輯時是有選擇的。他「因事命篇，不爲常格」，僅取自己感興趣的一部分。編者只須注意所取歷史事件自身的相對完整性，而不必描繪整個歷史進程，也毋須權衡各個歷史事件在整個歷史進程中的地位。這使編者擁有了體現自己意向的極大機動性。《通鑑》寫出了一千三百多年歷史發展的基本線索和輪廓，而《本末》所取各事之間相對獨立，則缺乏縱向的歷史聯繫。

淳熙元年（一一七四年），楊萬里出守臨漳，與袁樞相見於嚴陵。袁樞乃出示《本末》一書。楊萬里讀後，感慨萬千，作《通鑑本末序》。次年，袁樞又以《本末》分寄索居在家鄉的呂祖謙和著書雲谷晦庵的朱熹。讀後，呂祖謙「慨然」，朱熹則「撫卷太息」，分別作《跋》。他們的序、跋，除了指出《本末》在編纂體裁上的貢獻外，還指出了袁樞在此書中有思想寄托。楊萬里認爲，

《本末》「大抵寨事之成以後於其萌，提事之微以先於其明，其情匿而洩，其故悉而約，其作窕而搠，其究遐而邇，其治亂存亡，蓋病之源，醫之方也」。朱熹則說「其部居門目，始終離合之間，又皆曲有微意」。細審《本末》的內容，確實如此。

《本末》側重選擇的是軍事、政治方面的內容。經濟方面僅有唐代〈奸臣聚歛〉、〈兩稅之弊〉兩目。思想文化方面則一條也沒有。而在政治、軍事方面，它尤其注意「亂世」的歷史。例如，三國至隋建立之前這一時期，按卷數來算，在《本末》和《通鑑》中均佔三分之一。但從《本末》設目之數看，則幾乎佔了全書正目之數的一半。對歷史上的「昇平」時期，《本末》也要留意其間的禍亂。漢自高帝迄於武帝，立目十六，除〈匈奴和親〉、〈漢通西南夷〉、〈漢通西域〉三目外，餘皆「叛」、「變」、「謀反」、「伐」等事。於唐開元、天寶間的歷史，卻也僅立有〈李林甫專政〉、〈奸臣聚歛〉、〈楊氏之寵〉、〈安史之亂〉四題而已。以各朝代論，袁樞尤其注意它們的興盛史。秦立二目，一是〈秦併六國〉，緊接著就是〈豪傑亡秦〉。唐〈武韋之禍〉前，立二十二目，〈安史之亂〉後，立三十四目，計五十六目，佔整個唐史部分的百分之九十。

按《本末》所反映的社會矛盾來區分，主要可劃爲關於少數民族、統治集團紛爭和農民起義三類。在各目中，都使用了一個動詞。除重複之外，共使用六十餘個，絕大部分都充滿了感情色彩，鮮明地表明了袁樞的態度。

關於漢族與少數民族關係的史事，《本末》所列正目，佔全書的三分之一左右。其中用得最多的動詞，是「叛」、「寇」、「平」、「伐」等。「叛」字概括少數民族不服從漢族政權的史事；「寇」概括少數民族發動的邊事；「平」和「伐」概括漢族政權武力征服或驅除少數民族的史事。對少數民族臣服漢政權，則使用「歸」字或「服」字。使用「和」字僅兩見。而在〈匈奴和親〉一篇，不僅從題目上顛倒了主次，即文飾了在不得已的情況下採取和親的漢，而且還全錄了《通鑑》卷十二的「臣光曰」：「……夫骨肉之恩，尊卑之敍，唯仁義之人爲能知之，奈何以此服冒頓哉？蓋上世帝王之御夷狄也，服則懷之以德，叛則震之以威，未聞與爲婚姻也……」這反映了袁樞狹隘的民族觀念。但這在當時民族征服的歷史條件下，也應承認其有積極的一面。

對歷史上「正統」政權的建立，《本末》都使用了肯定的詞。如〈高帝滅楚〉、〈光武中興〉、〈高祖興唐〉。相反，全書正目用「篡」字十六次，附題用了四次，都是對「非正統」政權的指摘。對地方割據政權，不論民族，一概用「據」字，以示區別。如對三國鼎立局面的形成，《本末》單立一卷，分〈曹操篡漢〉、〈孫氏據江東〉、〈劉備據蜀〉三題。

他不滿意皇帝的荒淫腐化，專列了〈成帝淫荒〉、〈明帝奢靡〉諸條。他不滿意臣下專權用事，諸目中所用「專」、「用事」者全指此類。對「小人」得幸，他深恨不已。如對董賢使用「嬖倖」（〈董賢嬖倖〉），對裴延齡使用「奸蠹」（〈裴延齡奸蠹〉）。他留心這類事件的後果，稱其爲「禍」。如〈巫蠱之禍〉、〈朋黨之禍〉，附題中的〈黨錮之禍〉等。對臣下違背帝王之事，則一概斥爲「叛」、「逆」、「反」。

袁樞把農民起義全稱爲「亂」。如〈黃巾之亂〉、〈盧循之亂〉、〈黃巢之亂〉。對他們攻城佔州、建立政權，連「據」字也捨不得用，通稱其爲「寇」，如〈裘甫寇浙東〉。把對他們的鎮壓則稱爲「平」，如〈光武平赤眉〉、〈唐平江淮〉。

《本末》重點輯鈔出的歷史事件，都是封建社會建立以來地主階級遇到和處理的一些基本問題。而對偏安的南宋朝廷來說，這些問題顯得尤其突出。袁樞通過整理史事，以事冠目，用色彩鮮明的用語表達了他對處理各類問題的態度和立場。

淳熙三年（西元一一七六年）十一月，參知政事龔茂良認爲《本末》「有補治道」（《玉海》卷四七），即推薦給宋孝宗。「孝宗讀而嘉嘆」，詔嚴州摹印十部，「以賜東宮及分賜江上諸帥，且令熟讀，曰『治道盡在是矣』」。這反映了南宋地主階級企圖從歷史中尋求解決現實政治問題的經驗教訓的迫切心情，也說明《本末》確實及時地滿足了這一需要。

孝宗因《本末》而調袁樞任大宗正簿，後遷太府丞。袁樞曾多次利用機會以歷史爲鑑對孝宗的用人方針、北伐策略等政事直陳己見。淳熙七年（西元一一八〇年）袁樞又兼國史院編修官分修國史傳。當時，章惇被目爲「奸臣」。其家因同鄉關係請袁樞文飾其傳。袁樞說：「子厚（章惇字）爲相，負國欺君，吾爲史官，書法不隱，寧負鄉人，不可負天下後世公議。」負責國史編修的趙雄嘆息說：袁樞「無愧古良史。」其後又歷任權工部郎官、兼吏部郎官、提舉江東常平茶鹽、知處州、吏部員外郎、大理少卿；光宗立，提舉太平興國宮、知常德府；寧宗即位，擢爲右文殿修撰、知江陵府。在朝，他時時不顧個人安危匡正時政。如淳熙十四年（西元一一八七年）任大理少卿時，殿中侍御史冷世光納賄枉法，袁樞直奏其事，朝臣都爲他擔心，幸好孝宗對冷世光的行爲也很不滿，冷世光立即被罷。袁樞開了南宋以朝臣彈劾御史的先例。外任，袁樞也有政績。他知江陵府期間，曾爲防治長江水害作了有效的組織工作，受到當地人民的讚揚。

大約在慶元二年（西元一一九六年）知江陵府不久，朱熹等人被指爲僞學黨，波及袁樞。此後，直至去世前的十年間，袁樞僅提舉太平興國宮，隱居在家，悠然自樂，自比爲疏傳、陶令；轉而習《易》，與楊萬里、朱熹頻有書札檢討論辯，著有《易傳解義》、《易傳辯異》、《學易索隱》、《易童子問》。寧宗開禧元年（西元一二〇五年）去世。

袁樞中年入仕，敢於犯顏直諫，以整頓朝綱、恢復北方爲己任，議論堅正，風節峻潔，爲時賢所美。他受冷遇時所著《本末》，「屬詞比事有深意」（朱熹：〈讀《通鑑紀事本末》用武夷唱和元韻寄機仲〉），實際上是用史書形式所寫的諫疏。從史書編纂上看，早在袁樞四百餘年前的劉知幾，曾指出了編年和紀傳二體的不足，客觀上反映了對史書新體裁的要求。直到袁樞，由於社會政治形勢、個人修養和際遇等多方面條件的促成，才使事實上自隋唐以來就有所發展的「事具本末」這種記述歷史的形式，明確成爲獨立於編年、紀傳二體之外的一種歷史編纂的新體裁。此後踵作頗多，形成了一個貫串古今的獨立體裁。在這方面，袁樞實有開啓之功。

李心傳——宏博而有典要

吳懷祺

李心傳和李燾同爲南宋時期「蜀中史學」的代表人物。他們注意當代史的研究，淹通一代典章、掌故，寫出著名的編年體的史書，同時他們又都以考據史料精審而著稱。時人將李燾和李心傳並稱之爲「二李」。清人以「宏博而有典要」（《四庫全書總目》卷四七）來說明李心傳史學的規模和特點。

李心傳字微之，號秀岩，是隆州井研（四川井研縣）人。心傳生於宋孝宗乾道二年（西元一一六六年）。

李心傳的父親李舜臣對史學、經學都有研究。據李心傳說，洪邁等人修的《四朝正史》中的

《藝文志》，實出自他父親的手筆。（《建炎以來朝野雜記》甲集卷四）《宋史·藝文志》著錄李舜臣的著作有《易本傳》三十三卷、《尙書小傳》四卷及《江東十鑑》一卷等。李心傳的弟弟李道傳、李性傳在學術上都有成就。

宋孝宗淳熙六年（西元一一八〇年），李舜臣由幹辦諸司審計司遷宗正寺主簿，重修《裕陵玉牒》。李心傳時年十四歲，隨父親來到臨安，有機會閱讀了玉牒所中的材料，同時聽到了名卿才士大夫們的議論。十四、五歲的李心傳想到宋朝自南渡以後，歷史記載不完備，使得那些明君、良臣、名儒、猛將的事迹不能爲人們瞭解，而七十年來的兵戎、財賦源流、禮樂制度因革情況，由於失傳，後人不知道這些方面的內容，實在可惜。在這樣的思想支配下，李心傳開始撰寫《建炎以來朝野雜記》。

宋寧宗慶元元年（西元一一九五年），三十歲的李心傳與弟弟李道傳同學鄉薦。次年，李道傳成進士，而李心傳落第。科場失意後，他「遂絕意不復應擧，閉戶著書。」宋寧宗嘉泰二年（西元一二〇二年），心傳所著《建炎以來朝野雜記》甲集二十卷成書。

南宋高宗時期，秦檜專權，興文字獄，以「私史案」爲由，打擊士子，箝制輿論。這中間以李光「私史案」爲最烈。紹興二十年（西元一一四二年），秦檜以李光私修史書中「語涉譏謗」，迫害李光、李孟堅父子。胡寅、程瑀、潘良貴、張燾等一批人也受到牽連。秦檜死後，文化禁錮政策才有所鬆弛。但所謂「私案」風波並沒有完全平息。李心傳寫成《建炎以來朝野雜記》甲集時，朝廷下令禁私史，命地方官吏檢查書坊出售的私史，「凡事干國體者悉令毀棄」。（同上書卷六）李心傳在這風波易起的歲月裡修史，是要冒風險的。有人用前代史家修史受迫害的例子，勸李心傳不要幹這等「賈禍」之事。李心傳著述受到干擾。

宋寧宗開禧三年（西元一二〇七年），朝廷有旨給札「上心傳所著〈高廟繫年〉。」（《建炎以來朝野雜記》乙集〈序〉）次年，李心傳進《高宗繫年要錄》（即《建炎以來繫年要錄》）二百卷。心傳認爲修史是「非爲己之學」。寫《朝野雜記》甲集後，手頭還有數百條材料也不忍心丟棄，他又開始續寫《朝野雜記》。寧宗嘉定九年（西元一二一六年），《建炎以來朝野雜記》乙集二十卷成書。《建炎以來繫年要錄》、《建炎以來朝野雜記》和他的《舊聞證誤》十五卷（今輯佚本爲四卷），是心傳史學的主要著作，能反映李心傳史學的特色。

搜羅繁富，究心於一代掌故。李心傳在《建炎以來繫年要錄》中引用的材料，注明出處的就有二百餘種。其中有官府收藏的材料，如《實錄》、《日曆》、《會要》，臣僚案牘奏議、百司題名，也有私人著述的稗官野史，家乘行狀，見聞錄等等。如熊克《中興小歷》、趙甡之《中興遺史》、王偁《東都事略》、曹勛《北狩聞見錄》、耿延禧《建炎中興記》、費士戣《蜀口用兵錄》等等。還有一部分材料是李心傳私人收藏的，這些材料在社會上還沒有流傳。如《要錄》卷一中有宋「尊金主爲皇伯」的記載，李心傳在注中說明這一條文字記錄爲「國史無之，臣家藏雜書一編，乃圍城中人手記排日文字。」《四庫全書總目》作者說《要錄》是「在宋人諸野史中，最足以資考證。」又指出《建炎以來朝野雜記》收錄了高、孝、光、寧四朝禮樂刑政，兵農食貨方面的材料，很多是馬端臨《文獻通考》、章俊卿《山堂考索》以及《宋史》志書所沒有的。所以馬端臨《文獻通考》稱讚《朝野雜記》是宋朝南渡以後野史中最詳備。《舊聞證誤》輯佚本僅四卷，但就是這僅存的一百四十餘條材料也是「決疑定舛」，「非淹通一代掌故者不能爲也。」（參見《四庫全書總目》卷四七、八一、八八）李心傳的掌故之學最根本的東西是對當代史材料的搜集與研究。

參考諸書，折衷是非。這是李心傳在考訂史料上的特點。李心傳考辨材料是「辨駁詳明，根據鑿鑿」。他重視國史、日曆、實錄的材料，他寫《建炎以來繫年要錄》是以國史、日曆爲主，但他不唯國史、日曆是信。如《要錄》紹興十年六月甲辰條，記載岳飛除命「爲少保兼河南北諸路招討使」，但《日曆》不載此事。李心傳參考諸種材料，指出：「《日曆》獨不載岳飛除命，蓋秦熺消之也。今以《會要》、《玉堂制草》增入。」再如建炎三年十二月「高宗幸海」日期，《日曆》、李正民的《乘桴記》、王庭秀《閱世錄》說法各不相同。李心傳分析高宗的行經路線，把各種說法進行對比，認爲《乘桴記》的記載可信。在《舊聞證誤》一書中，李心傳對司馬光《涑水紀聞》、歐陽修《歸田錄》、曾鞏《隆平集》、蘇轍《龍川別志》等近五十種材料中記載中一些訛誤的地方，一一加以辨正。李心傳說前人著書中有首尾不相照或差誤的地方都是難免的，呂伯恭《大事記》，陳君舉《建隆編》，在世人看來很精密。但是仔細考察一下，就會看出材料有差誤的地方。《資治通鑑》記載中有矛盾處，朱熹的《通鑑綱目》中脫漏了材料，這些都應該加以考辨。（《建炎以來朝野雜記》乙集卷一三）對於無法斷定是非的各種材料，李心傳存錄異文，以待後人考訂。對有些記載有懷疑，但無佐證，他就在材料後面寫明「當考」、「俟考」、「當求它書參考」。

評論史事、考察現實。《建炎以來朝野雜記》中許多篇目最能說明李心傳這種治史的特點。如

《雜記》甲集卷十五〈身丁錢〉一節中，李心傳記載了「身丁錢」的由來及詳細內容，分析了宋代統治者巧立名目，賦上加賦，稅外徵稅，百姓的負擔十倍於前的情況。宋代的「力役之徵」、「布縷之徵」、「穀粟之徵」都使得「民甚苦之」，到了難以忍受的地步。在〈布船司本息〉一節中分析了乾道元年（西元一一六五年）春，郴州李金領導瑤、漢人民起義的原因，就是因爲「郴州當湖湘窮處，租限頗急」造成的。他指出：「盇利之所在，害亦從此生，可爲理財者之戒」。李心傳還善於用統計數字來評論史事。他統計宋代開國以後財政收入情況。北宋初年歲收入爲一千六百餘萬緡錢，到了宋神宗熙寧、元豐年間已增加到六千餘萬緡錢。南渡後，宋朝偏安江左，只是半壁河山，但到了宋孝宗淳熙末年，歲收入增加到六千五百餘萬緡錢。李心傳分析了這些數字後，說：「宜民力之困矣」（《建炎以來朝野雜記》甲集卷一四）。再如在《雜記》甲集卷十二〈建隆至嘉泰宰相數〉一節中，李心傳分階段統計宋朝開國後宰相更替的數字，從而反映出宋代政權不穩定的情況。他用這些統計材料來評論史事，是很有特色的。後人評《建炎以來繫年要錄》「廣收博采，最爲贍富，參稽鉤考，非但足以補證宋史，事實具備，尤有裨於經世之學。」（《要錄》光緒八年刻本蕭藩跋）其實，《朝野雜記》更能體現出「經世之學」的意義。

嘉定九年（西元一二一六年），李心傳還寫了《丙子學易編》十五卷，次年又著《丁丑三禮辨》二十三卷。

宋理宗寶慶元年（西元一二二五年），李心傳著《道命錄》五卷。他在這本書中考察了程頤以後宋代道學興廢一百四十年的歷史。《道命錄》對後世很有影響，清人全祖望續《宋元學案》卷九六至九七「元祐黨案」、「慶元黨案」即用《道命錄》爲底本。(見方壯猷:《南宋編年史家二李年譜》)所以《道命錄》實際上是一本當代學術史的著作。李心傳在這本書中對歷史觀察所得出來的結論,認爲歸根到底,天下安危、國家隆替之所關係者「天實而已」。這種天命史觀的觀點在他的另外一些史書中也有反映。

理宗寶慶二年(西元一二二六年),他因崔與之、許奕、魏了翁等前後二十三人之薦,自制置司敦遣至闕下,以著作佐郎領史事。後爲史館校勘,賜進士出身,專修南宋高、孝、光、寧四朝的《中興四朝帝紀》,甫成其三,因言者罷,添差通判成都府。理宗端平元年(西元一二三四年),李心傳遷著作佐郎,兼四川制置司參議官,詔無入議幕,許辟官置局,踵修《十三朝會要》。端平三年(西元一二三六年)《十三朝會要》成書,召赴闕,除工部侍郎,仍兼史事。嘉熙二年(西元一二三八年)心傳遷秘書少監,國史館修撰,修《中興四朝國史》及《實錄》。次年《四朝帝紀》書成,丞相史嵩之對此書不滿。李心傳去官,奉祠居湖州,以後又有罷祠、復予、又罷之事。宋理宗淳佑三年(一二四三年),李心傳再致仕,然此時心傳已垂垂老矣,次年,心傳年七十九,卒於湖州。(參見方壯猷《二李年譜》及《宋史·李心傳傳》)

學者把李心傳看作是「編年史家」,這不全面。《繫年要錄》是編年體史書固不成問題,而《朝野雜記》就不是編年史書。《四庫全書總目》說《朝野雜記》「其體例實同會要」,也不恰當。《朝野雜記》除一部分爲論史之作外,更多的是史事本末的敍述,制度因革的交代,李心傳也直接說明他是「分門著錄」,所以《朝野雜記》的體例又近於「本末體」。而《舊聞證誤》則是考史札記。也有的學者認爲李心傳史學是一種「掌故之學」，但應該指出李心傳的熟悉一代掌故是他究心於當代史研究的表現。總之，李心傳史學成就是多方面的，說他宏博而有典要，是比較恰當的。李心傳著作還有《誦詩訓》五卷、《春秋考義》十三卷、《讀史考》十二卷、《辨南遷錄》一卷、《孝宗要略初草》二十三卷、《建炎邊防記》三卷、詩文集一百卷等。

胡三省——注《通鑑》精義　寫胸中情懷

吳懷祺

司馬光《資治通鑑》問世後，注者紛紛，然乖謬彌甚，唯宋末元初胡三省獨闢蹊徑，以畢生精力注《通鑑》，卓然自立，爲學人所稱頌。

胡三省是浙東寧海人，字身之，又字景參，生在宋理宗紹定三年（西元一二三〇年）。胡三省住家附近有澗，澗旁多古梅，因此，世人又稱他爲梅澗先生（或作梅磵先生）。

胡三省的父親胡鈅，「篤史學」，即使鼻子流血不止，也還是手不釋卷地讀史書，以致「灑血漬書」。胡鈅刻苦治史的精神給少年的胡三省留下深刻的印象。

胡鈅對歷代的史注有精深的研究，他經常把自己的看法告訴三省，教育三省。胡鈅對歷代史注作了總結，對前人注釋史書的工作有許多批評。一是史注不能停留在資料搜求、匯集上。胡釪說，章懷太子李賢注范曄的《後漢書》，裴松之注陳壽的《三國志》，「雖間有音釋，其實廣異聞，補未備，以示博洽。」此外，楊正衡注《晉書》、竇蘋、董衡注《唐書》更是不足取。二是史注不能侷限在只談修史的書法義例上。胡釪說徐無黨注歐陽修的《新五代史》，是「粗言歐公書法義例，他未之及也。」還有一點，就是注釋史書不能抄襲前人的釋文。胡釪指出南宋各家注《通鑑》就有這個毛病，所謂司馬康的海陵本的釋文，與史炤本釋文「大同小異」，乖剌錯陋地方很多。胡釪對史注的研究，給日後胡三省注釋《資治通鑑》的工作以很大的影響。胡釪希望三省注釋好《資治通鑑》，刊正前人釋文中的錯誤。三省接受父命，向父親表示自己的決心。「三省捧手對曰：願學焉。」（《新注資治通鑑序》）因此，胡三省寫出的《通鑑注》是他父子兩代心血的凝結。

宋理宗淳祐五年（西元一二四五年），胡釪辭世，三省才十六歲。以後，他雖然要應付科舉事業，但對史學的鑽研並沒有放鬆。

宋理宗寶祐四年（西元一二五六年），胡三省和文天祥、謝枋得、陸秀夫同中進士，並調爲吉州泰和縣尉。他以「親老不就」，改慶元慈谿縣尉。郡守厲文翁是個貪鄙之徒。胡三省剛直不阿，觸犯了厲文翁，被劾罷官。後來胡三省以「文學行誼」之薦，授揚州江都丞。宋度宗咸淳三年（西元一二六七年）授壽春府府學教授，佐淮東幕府，考舉及格，改奉議郎知江陵事。以後又改知安慶府懷寧事。咸淳十年（西元一二七四年）胡三省充主管沿江制置司機宜文字，官至朝奉郎。次年，胡三省受薦在賈似道手下行事。

南宋統治階級非常腐朽，政治黑暗，階級矛盾、民族矛盾十分尖銳。胡三省不滿當時的腐朽統治，在仕宦途中他不媚權勢的高風亮節受到人們稱讚，有人說他是「青衫不受折腰辱」（《清容居士集》卷一一）。胡三省關心民族的前途和命運，寫出了〈江東十鑑〉一文，對政事局勢提出自己的看法。但是賈似道這些人是不會接受胡三省的主張。胡三省看到自己的政治見解不能得到採用，他回歸家鄉，把憤懣的心情，政治的見解、對國事的憂慮傾注到他的注史的工作中。袁桷在〈祭胡梅澗先生〉一文中，談到胡三省政治上的坷坎的遭遇和埋藏在著述中的心聲說：「江上之策，不行於老奸，蒙昧草野，避聲卻影，知吾道之愈難，寫心聲之悲憤。」（同上書，卷四三）

德祐二年（西元一二七六年），臨安失陷，又過三年，南宋滅。胡三省努力注《通鑑》，把自己遺民的苦痛和强烈的民族情感隱含在史注中。他在《通鑑注》中說：「臣妾之辱，惟晉、宋爲然，嗚呼，痛哉！」（見《資治通鑑》卷二八五注）又說：「亡國之恥，言之者爲之痛心，矧見之者乎？此程正叔所謂眞知者也。天乎！天乎！」（同上）陳垣先生對胡三省在《通鑑注》中表達出來的民族氣節和愛國熱情作了充分的肯定，說：「胡三省親眼看到宋朝在蒙古貴族的嚴重壓迫下，政治上還是那麼腐敗，又眼見宋朝覆滅，元朝的殘酷統治，精神不斷受到劇烈的打擊，他要揭露宋朝招致滅亡的原因，斥責那些賣國投降的敗類，申訴元朝橫暴統治的難以容忍，以及自己身受亡國慘痛的心情，因此，在《通鑑注》裏，他充分表現了民族氣節和愛國熱情。」（《通鑑胡注表微．重印後記》）。

胡三省中進士後，游宦在外，他把《資治通鑑》帶在身邊，用更多的精力來注釋《通鑑》。他曾仿照陸德明《經典釋文》的例子，寫成《資治通鑑廣注》九十七卷，著《論》十卷。後來他在杭都的延平廖氏家中時，又撰寫了《讐校〈通鑑〉凡例》。德祐二年（西元一二七六年）元兵入臨安，胡三省到新昌避難，書稿散失了。胡三省又買了《資治通鑑》，重新作注。這次他是把注釋的文字連同司馬光《資治通鑑考異》的材料，分散開寫在《通鑑》有關的史文下面。注釋中關於歷法、天文等材料是隨「目錄」所書而附注之。

元世祖至元二十一年（西元一二八四年），胡三省館於慶元南湖袁氏家中，「日手抄定注」。至元二十二年（西元一二八五年）全書「始克成編」。至元二十六年（西元一二八九年），又一次兵事發生，胡三省把書稿藏在窖中，這才把書稿保存下來。他不滿足於已取得的成績，對釋文不斷修改潤飾，這項工作一直進行到他去世前爲止。對前人釋文的錯失，胡三省一一加以刊正，並寫成《通鑑釋文辨誤》十二卷。

胡三省在注文中除刊正前人的釋文中的錯誤外，同時訓釋音義，對於史事的本末、地名的同異，州縣的建置離合，制度沿革損益，「悉疏其所以然」。在注文中，胡三省評論史事很有特色。比起那些以「廣異聞，補未備」爲目的的史注來，胡三省的《通鑑注》在注史工作上是一個發展。

胡三省注《通鑑》引用大量材料，不但給《通鑑》有關的史文作了解釋，證明史文可信，而且對《通鑑》記載上的訛誤作了考辨。《通鑑注》在實際上是對《資治通鑑》全部記載又進行了一次考訂，是司馬光「考異法」嚴謹治學精神的發揚。如《通鑑》卷三十七記載了并州、平州一帶「民棄城郭，流亡為盜賊」一事。胡三省考查了地理沿革，指出平州為「魏始分幽州置平州」的，當時沒有「平州」這個建置，《通鑑》記載不確實。又如《通鑑》卷一百七十五，陳宣帝太建十四年史文中，記載了達奚長儒帶兵二千，與突厥沙鉢略可汗十萬大軍激戰的情形。《通鑑》說，達奚長儒二千士卒在四面被圍情況下，轉鬥三日，以拳頭格鬥，殺傷萬計，最後解了圍。胡三省在注中指出，這種記載誇大失實，不可信。《資治通鑑》採用了一些野史、私史的材料，由於沒有很好的考訂或者處理不當，從而造成了錯謬或繁簡不當。司馬光有時用野史、故事材料來考訂史事，就更不足為憑。如《通鑑》卷十八，漢武帝元光四年的注文中，司馬光的《資治通鑑考異》引了所謂班固的《漢武故事》的材料考證史事，胡三省說：「《漢武故事》語多誕妄，非班固書；蓋後人為之，托固名耳。」

對於記載歧異的材料而又無法斷定是非的，胡三省採取存異的做法。例如大梁與滑州兩地距離的里程在各種材料記載上不相同，胡三省一時斷定不了那個材料記載準確，他在注中保留了各種不同記載，說：「不敢輕改，因兩存之。」（見《資治通鑑》卷二十二後唐莊宗同光元年注）

《通鑑注》引用了豐富的材料對《通鑑》的文字作了補充和解釋，使社會歷史發展的各個方面能較為全面地反映出來。例如《通鑑》卷七十一，魏明帝太和四年記載了衛溫、諸葛直「浮海求夷州、亶州」一事，這條材料反映了台灣等島嶼和大陸之間的聯繫。《三國志》卷四十七記載此事時還將《後漢書．東夷傳》有關材料寫進史文中去。《通鑑》記載過於簡略，把〈東夷傳〉材料也刪掉了，這使得讀史的人對亶州、夷州的情況以及亶州、夷州與大陸來往的情形不能有很好的了解。

胡三省在注文中引用了《後漢書．東夷傳》材料，又引了沈瑩《臨海水土志》的材料，說明了島嶼的位置，和大陸歷史的聯繫，敍述了島上的社會狀況和風俗人情等。胡三省這樣補充是很有見地的。再如《通鑑》卷一百八十八，載唐高祖武德二年頒布租庸調制一事，但《通鑑》文字簡略。胡三省在注中詳細說明租庸調制的內容和意義，指出這種制度是「以人丁爲本」，「梁、陳、齊、周各有損益」。這樣注釋文字，是帶有研究性的了。

胡三省在史注中，通過史事評論表達自己的政治主張、史學思想，反映出强烈的民族意識，把歷史的研究和對現實的觀察結合起來。胡三省評論歷史事件，注意總結歷史興衰的原因。在《通鑑》卷一百三中，他分析前秦苻堅政權覆滅的原因時，指出：「以此知天下之勢，但觀人心向背何如耳。」他認爲一代君王只有居安思危，才能「常有其安」。（見《資治通鑑》卷二五四唐僖宗廣明元年注）胡三省《通鑑注》從很多方面探討皇朝興廢，鼎祚遷移的原因，這無疑是發揮了司馬光的「資鑑」思想。

胡三省在許多注文中通過史事評論對元統治者實行民族壓迫政策進行了揭發。這正是那個時代民族矛盾尖銳化的現實在他思想上的反映。

胡三省的史注也有些錯誤和缺點。他在一些地方宣揚了天命報應及休祥可懼的思想。陳景雲、錢大昕等指出胡氏考據有失當的地方。胡三省曾經說：「人苦不自覺，前注之失，吾知之；吾注之失，吾不能知也。」又說：「今吾所注，博則博矣，反之於約，有未能焉。」（均見〈資治通鑑新注序〉）胡三省求實的精神和嚴於批評自己的態度值得我們深思。

胡三省到了晚年，還是辛勤筆耕於史苑之中，他的兒子勸他不宜過度辛勞。胡三省說：「吾成此書，死而無憾。」（《光緒寧海縣志》卷二〇）胡三省傾畢生精力完成《通鑑注》的撰寫工作，也實現了他父親胡鈅的願望。元成宗大德六年（西元一三〇二年），三省卒，年六十九。

馬端臨——二十載核典制 旨趣在會通

徐龍飛

唐宋以來，居大江中流的饒州樂平（今江西樂平），遠淩吳楚秀氣，人們雅尚儒風，江之東西冠帶，詩書甲於天下。其文獻相續，學人迭出，頗具魯范遺風。宋元之際的一位大史學家馬端臨就生長在這翰墨盈香之間。

馬端臨，字貴與，號竹洲，生於南宋理宗寶祐二年（西元一二五四年）。父親馬廷鸞自幼甘貧力學，二十五歲中進士，踏入宦途。歷任樞密院和國史院編修，實錄院檢討。咸淳五年（西元一二六九年），他升任右丞相兼樞密史，參與朝政。這時，南宋衰象已現，奸臣賈似道在朝結黨營私，專橫跋扈。北方蒙古大軍虎視江南。南宋朝廷已處在風雨飄搖之中。馬廷鸞為官正直清廉，貶斥奸佞，擢進忠良，希圖力挽危局，深得文天祥等忠正之士的敬重。然而，畢竟勢單力弱，無補於事。咸淳八年（西元一二七二年）他憤然辭職，抱病歸鄉。

馬廷鸞對於國事憂心忡忡，對於子女教育也督責甚嚴。他建碧梧精舍（其書房外的庭院中種有梧桐樹，因稱其書房爲碧梧精舍），舍內積書連楹。馬端臨是其次子，自幼便寢饋其中，每日抄讀經史五十餘頁，默誦沈思，潛玩不已。晨昏之時，聽受父親嚴格課問。馬廷鸞任右丞相時，無暇顧及子女學業，乃請著名學者曹涇教授馬端臨兄弟。

春去夏來，年復一年，砥礪琢磨，馬端臨終於博極羣書，暢曉經史。隨著年齡的增長，他逐漸萌發了著述綴輯之心。十九歲時，他因父親的身份蔭補爲承事郎，是個八品的閒散之官。二十歲時赴漕試榮登榜首。馬廷鸞辭官歸來，看到兒子學業有成，心中非常高興，他把重振朝綱的希望寄托在兒子身上。在準備送馬端臨進京會試時，他寫了一首詩勉勵兒子：「老病吾今業已衰，已還魏笏尚支頤。祝兒指日傳金榜，懷我當年別玉墀。殿陛詳延方龢俊，江湖空曠劇憂時。此行謇諤論邦國，莫爲區區杏苑詩。」（《碧梧玩芳集》卷二三）他深情地囑托兒子，自己罷歸山林已是風燭殘年，病體難支，然於國事仍懸懸在念、惴惴有臨履之憂；你生當國家多事之秋，正是朝廷用人之際，應孜孜於經邦治國之學，千萬不可流連於風花雪月之中，消磨了少年意氣，但願你勉力行事，金榜臚傳。一片深情厚望，溢於言表。馬端臨也是青衿學子，躊躇滿志，十年磨劍，霜鋒即試。可惜，馬廷鸞垂老之年素疾彌痼，馬端臨爲了照料父親，竟不曾進京會試。宋恭帝德祐二年（西元一二七六年），元軍攻陷臨安，南宋政權已是亡不旋踵了。馬氏父子壯志未酬，深懷亡國之痛，於是絕意仕途。曾與馬廷鸞同朝爲官的留夢炎，這時作了元朝的吏部尙書，他請馬端臨出仕，但馬端臨以侍奉父疾爲由，婉言謝絕了。

面對亡國之變，馬氏父子百憂薰心，便留意經史。馬廷鸞熟諳朝典，對經史子集四部之書也有自己的見地，於是作《讀史旬編》等書，以教授子女。沈痛之餘，馬端臨也在思考著，諸大之宋朝何以竟落得這般結局？如此巨變，原因究竟何在？古來江山易主，史不絕書，而典章經制又是怎樣相沿相續的呢？他一面侍奉父疾，一面博覽經史，並協助父親編輯《讀史旬編》等書。在這個過程中，馬端臨博聞强識，學問大進，文獻典故，了於胸中。於是，一個龐大的撰述計劃也醞釀成熟了。從元世祖至元二十二年（西元一二八五年）起，馬端臨正式著手撰寫《文獻通考》一書。

物換星移，不覺之中，宋亡已有十年，父親也已逝世了。馬端臨雖不入仕，但作爲飽學之士，爲傳播和發展文化計，他開始任饒州慈湖書院山長，後又任衢州路柯山書院山長，還到臺州路講學。他辨難陳情，言如泉湧，聽者皆有所得。他雖然奔波教授，而一直縈繞情懷的仍是那個深刻的問題。不久，他便回到鄉里，潛心積思，研究歷代典章文獻，把全部精力都投入到《文獻通考》的撰述上。

這時，馬端臨正當而立之年，學兼經史，才思敏捷，精通前代典章，深識當世體要。他逐漸認識到，當年，孔子深慨文獻之不足徵，而夏殷之禮無以言。所謂不足徵，不就是文獻典章沒能完整的保存流傳下來嗎？隻言片簡，閃爍其辭，後人難於捉摸，自然不能貫通。生於千百年之後，而欲論千百年之前，如無史傳實錄之比較完整的存留，又何以稽考、何以爲論呢？即使是孔子那樣的智哲，也不能持空臆論啊！於是他要考辨文獻，重在求通。馬端臨對司馬遷的《史記》、杜佑的《通典》、司馬光的《資治通鑑》都很推崇。他覺得，《詩》、《書》、《春秋》之後，只有司馬遷堪稱良史，創立紀傳體兼立書表，數千年歷史一貫而通。後代史家當恪遵其體。但從班固開始，就以斷代史爲主而失去會通因仍之道，令人擔憂。到司馬光作《資治通鑑》，把諸史中所記一千三百餘年的事跡，薈萃一書，讀者開卷，古今咸在，歷代治亂興衰，歷歷在目，可謂通矣。在馬端臨看來，這些都是對於史事的整理，而自己應另闢蹊徑，陳掾其間。馬端臨認爲，治亂興衰之原因，代有不同，無所相因。晋之得國既異於漢，隋之喪邦又殊乎唐，代各有史，足以賅詳一代之始終，不必參稽互察。而典章經制卻很明顯地因襲傳承。孔子曾說，殷因於夏，周因於殷，其繼周於後者，雖百世亦可知。馬端臨很贊成孔子的說法，認爲這種相因相承也是有所增損的。在他看來，從秦漢到唐宋，禮樂兵刑之制度，賦稅選擧之規章，以至官職祿位之更張，地理建置之沿革，雖然不是完全相同，但也絕非毫不相關。譬如漢之朝儀官制本之秦規，唐朝府衛租庸仿於周制。典章經制損益弛張，代代相因，而將其錯綜融會，原始推終，正是《文獻通考》「通」的落墨所在。

在具體的史學實踐上怎樣達到「通」的要求，馬端臨也頗費了一番斟酌。他認爲，朝代的興衰更替，各有不同的原因，已有司馬光的《資治通鑑》爲之綴輯了。但《資治通鑑》重在史事的疏浚溝通，而略於一脈相承的典章經制，這並非司馬光才學有所不及，而是因爲著述各有體要，一書難以兼善。唐朝杜佑作《通典》，是對上古直至唐代天寶年間的典章經制的匯通。《通典》共分九門，食貨、選擧、職官、禮、樂、兵、刑、州郡、邊防，典章經制的歷代因革之故，粲然可考，這對馬端臨是很大的啓發，也使他由衷地產生了對《通典》的欽慕之感。宋代雖有人續作，如宋白和魏了翁等，但其書行之不遠，風流杳無。因此馬端臨認爲，杜佑的《通典》綱領宏大、考訂該洽，已然獨領風騷。可惜唐天寶以後典章經制的記述便告闕如了，而且《通典》古今詳略有所不宜，條目之間，未足明備，刊削史料，也欠精審。比如，前代大多因田制賦，租賦一般是米粟之類，二者不可分述；前代多量土作貢，而貢物又是包篚之類，不可與稅法雜陳。諸如此類，《通典》就沒有注意。再說，敍述典制時，經文與傳注互相浸淫汩沒，瑕疵點點，落得遺憾。於是，馬端臨產生了一種强烈的責任感，認爲自己生乎其後，勉立儒林，又遭逢鼎革之變，如不致力於歷代典章的釐析貫通，一旦文獻散佚失墜，將何以前對先賢，後屬來哲呢？

在作了一番深入的思考和反覆的比較之後，馬端臨逐漸明確了自己的著述宗旨和撰述方法。於是他旁搜遠紹，分門別類，從上古寫到南宋嘉定之末，把歷代典制析爲二十四門詳加考評，這就是：田賦、錢幣、戶口、職役、徵榷、市糴、土貢、國用、選擧、學校、職官、郊社、宗廟、王禮、樂、兵、刑、輿地、四裔、經籍、帝系、封建、象緯、物異。這二十四門中，前十九門仿照杜佑《通典》成規，屬於唐天寶以前的，就增益《通典》所未詳備的事跡，離析其所不明確的門類；屬於天寶以後到南宋嘉定之末的，則續成之。後五門，是《通典》原書所未立的，馬端臨採摭羣書以成之。在敍事上，本於經史而參稽歷代會要，凡百家載籍信而有徵者，則採納之；凡乖異傳疑難定虛實者，則擯棄不錄。在論事的時候，首先取各個朝代當時臣僚的奏疏折議，然後博採後代名士諸儒的評論，對於名流燕談，稗史野記，凡可勘定典故得失、考證史傳是非的，也都一一徵用，疑則傳疑，務求實錄。同時，他把自己深入研究的心得分別附在有關事目之下。至於每一門類著述的規制，考訂以後所得的新意，都以小序的形式予以闡述。

馬端臨還認識到，對歷代典章制度予以釐清貫通，旣應重其相因，也應重其相革。他把會通作爲研究典章經制因革變通的一種方法，對於制度憲章，在博聞强識的基礎上予以考辨審識，在注意其貫通性時也注意其階段性。比如，在討論田賦制度的沿革時，他直抒己見，認爲隨在田之丁納稅，而不問其田之多寡，這種制度始於商鞅；而民之有田者納稅，不問其丁口，這種制度創於楊炎。這就搞淸了田賦制度在相因中的相革，在連貫性中顯示出的階段性。在考察職役時，他認爲，東周的里宰、黨長，都是上級任命的有一定秩祿的官吏，而兩漢時的三老、嗇夫，都是徵察上來的德高望重的名士。而後代特別唐宋以來，鄕里戶役紛陳雜襲，干亂條律，莫能禁止。這就是職役的損益變遷。爲什麼這些制度憲章會有損益變化呢？其變通弛張之故是什麼呢？馬端臨覺得是由於古今異宜，時務之要與古義相去甚遠，如果愚頑不化，恪守古訓，則反至於煩擾無稽，黎民與邦國俱受其害。因此要在通中求其變，變中求其因。

考察典章經制爲什麼變化是「通」的要旨所在，也是馬端臨的良苦用心。他也深知杜佑撰《通典》是要「徵諸人事，將施有政」的經世致用的目的，因而以平生才學，傾注於《文獻通考》的選述，上下數千年，貫串二十五代，徹古通今，森羅萬象，條分縷析，犁亂鈎沈，意在以有用之學實現自己的抱負，並希望後代有志於經邦稽古的學人芟削繁蕪，增廣闕略，以爲談辨考評的有用之資。

大江流日月。二十餘載殫精瘁力、披閱增刪，馬端臨於元成宗大德十一年（西元一三〇七年）完成了《文獻通考》三百四十八卷的輝煌巨著①。這時，他已五十四歲，進入壯年了。次年，學人李謹思爲《文獻通考》作序，盛讚此書：「鳩僝精粹，芟夷蕪翳，宿疑解駁，新義旁漏，自爲一家。」（《樂平縣志・藝文》）昔日南朝梁武帝時，學者江淹曾感慨地說：「修史之難，無過於志。」個中甘苦，眞是一言難盡。不少史家對此都有同感。馬端臨生當文獻故家，且身自躬親，「考制度於江左斯文極盛之餘，被補綴以朱黃，更錯綜以呂葉；深尋以眞魏，遠騁以周洪。陳陳相因，且唯且否，舊編屢脫，初稿頻鈔」（《樂平縣志・藝文》），更是深感於此。在江左文風衰微之時，馬端臨異軍突起，網羅衆家之說，博採朱熹、呂祖謙、葉適、眞德秀、魏了翁、黃震、洪邁等學者的學術精華，錯綜補綴、拓本求源，並由此進而發揮，自成一家之說。

也就在馬端臨退隱山林、嘔心瀝血撰述《文獻通考》的前後，元朝從世祖到成宗正是鼎盛時期，朝廷承認並且提倡以儒學爲主體的漢族傳統文化。元世祖忽必烈繼位之初，就設立翰林國史院，主持先朝史事的編修。全國統一後，朝廷詔修遼、金、宋史，同時令朝臣以蒙古文翻譯《貞觀政要》、《資治通鑑》等史學名著，並經常令儒士進講歷代嘉言善政及治亂興亡之原因，朝廷上下對名儒學者優禮有加，選通經史之士，量能任官。在朝廷，由名儒主持國子監事宜，地方上的學校也逐漸恢復並有所發展。武功修備，文治迭興，給馬端臨提供了良好的撰述環境。

延祐四年（西元一三一七年）七月，元仁宗命道士王壽衍尋訪有德行、才學之士，以圖任用。次年十二月，王壽衍到了饒州，經當地名儒介紹，認爲馬端臨身懷有用之學，可稱濟世之才，所著《文獻通考》，纂集古今，浩瀚賅博，殫極精力，用志艮勤，關乎世道，有益後學，有治國安民之用。於是王壽衍乃將《文獻通考》表進朝廷。朝廷敕命雕版印行。馬端臨以老邁之身親自校勘，用了三年時間，才告完畢。元英宗至治二年（西元一三二二年）六月，《文獻通考》刊行於世，這時馬端臨已經六十九歲了。他能親睹自已以畢生精力撰述的這部巨製的雕版印行，其興奮的心情是不難想見的。此後不久，他逝於家中。

馬端臨的《文獻通考》與杜佑的《通典》、鄭樵的《通志》被後人並稱「三通」。明代王圻曾撰《續文獻通考》，以續其書。清代朝廷又曾敕修《續文獻通考》、《清文獻通考》，後來劉錦藻又修《清續文獻通考》，足見其影響之深遠。除《文獻通考》外，馬端臨還撰有《多識錄》一百五十多卷、《義根守墨》、《大學集傳》等書。在修《大明一統志》時，這些書還都流傳於世，《補元史藝文志》中有些書尚有著錄，可惜後來逐漸亡佚了，唯《文獻通考》流傳於今。

①有關《文獻通考》之始撰、撰成年代，本文參考了陳光崇先生所撰〈馬端臨身世事跡考略〉。（見《史學史資料》一九八〇年第三期）

柯維騏——史公之志和《宋史新編》

朱仲玉

在中國史學史上，這是使人受到深深感動的一頁。

柯維騏，字奇純，明孝宗弘治十年（西元一四九七年）出生於福建莆田的一個仕宦家庭。高祖柯潛，字孟時，號竹岩，曾任翰林學士，對文學有很深的修養，著有《竹岩詩文集》。父親柯英，官至徽州知府。柯維騏受家庭的薰陶，以思路開闊、志氣恢宏、見識高超、才思敏捷爲親友所稱道。二十六歲那年，他進京應試，考中進士，被授予南京戶部主事之職。由於他在京應試時見到了當時官場上的不良風氣，就打消了做官的念頭，決定不去赴任，而是稱病告假，歸鄉隱居，閉門讀書。當時朝中正逢張孚敬當權，規定官吏請假滿三年就除名。三年後，柯維騏也被除名了。從此，他更是一心一意地讀書。

唐末五代以來，經過黃巢農民軍的入閩和王審知在福建的苦心經營，福建和內地的交通已經打開，經濟漸趨繁榮，文化日益發達，八閩子弟讀書已蔚然成風。柯維騏回鄉以後，負笈到他門下來求教者絡繹不絕，先後達到四百多人。他雖然沒有做官，可是他的名聲卻傳遍了整個八閩地區。

柯維騏以他敏銳的觀察力覺察到了當時的社會危機，他認爲明朝正在走宋朝走過的老路，朝政腐敗，農民軍蜂起，北邊有韃靼的威脅，沿海有倭寇的騷擾，朝野人士如不接受歷史的教訓，振作起來，前途將不堪設想。可是，當時青年弟子的普遍心理狀態是求學貪圖省力，不肯刻苦鑽研，對循序漸進的學習方法視爲畏途；特別是當時學術受兩宋程朱理學的影響很深，都喜歡講空疏的心性之學，不願意身體力行，講求經國緯世之道。於是，柯維騏決定對症下藥，用歷史作爲教育青年學子的主要課程，並結合講學的需要，以改編《宋史》作爲自己的終身事業；還本著愛國必先愛鄉的道理，努力發掘家鄉先賢的優秀事跡，給弟子們樹立榜樣。

《宋史》是在元朝與《遼史》《金史》一起編修的一部紀傳體史書，在三史中篇幅最長，而內容的繁蕪雜亂、矛盾牴牾，在三史中也最爲突出。柯維騏生活在北方少數民族與中原漢族矛盾十分尖銳的時代，他首先對於《宋史》與《遼史》《金史》並列、各予正統的做法就難以接受，認爲這是《宋史》必須改編的一個關鍵。他從書本和傳聞中知道，明初以來，已有不少人打算改編《宋史》，準備去其繁蕪，糾其訛謬，特別是要把它樹爲三史的唯一正統，使《遼史》《金史》附屬於它。柯維騏認爲這種設想都是與自己的想法一致的，他決定沿著前人的這條路子走下去。

爲了實現自己的願望，柯維騏在熟習宋代史事的同時，也花了很多時間去讀司馬遷的《史記》，想從這部輝煌的紀傳體史書中學習史書的義例，提高自己編撰的史書的質量。對於發掘家鄉先賢的優秀事跡，他也以宋代作爲重點，努力搜集宋代莆田地區先賢的文獻資料。

元朝人修三史的時候，每一部史書都有許多人參加，特別是《宋史》，參加的人最多，可是柯維騏只有孤身一人。當時他才三十多歲，既想集中精力講學修史，卻又不斷受到生活瑣事的干擾。柯維騏爲了集中精力改編《宋史》，他想到了司馬遷當年的遭遇。他認爲司馬遷之所以能在十多年的時間裡修成《史記》這部輝煌巨著，勤奮固然是主要原因，而身受宮刑，能夠清心寡欲，排除生活上的干擾，使精力更加集中，也未嘗不是一個成功的因素。於是，柯維騏終於發憤自宮，決心把自己的全部精力都奉獻給改編《宋史》的事業。

柯維騏先給自己要編的新史書定下義例，在本紀方面要增補景炎、祥興二紀，他認爲臨安城破之日，並非宋祚斷絕之時，趙宋皇朝的歷史應該寫到陸秀夫負帝昺投海爲止。他認爲以宋爲三史唯一正統，主要應體現在本紀中，即把遼金的一些重大史事分年編入宋的本紀，算是正統與外藩的關係。柯維騏的這個主張，在今天看來是不一定正確的，是輕視兄弟民族的大漢族主義思想，但在柯維騏生活的時代，他卻認爲這是喚醒民族意識，促使朝野人士振作起來的清醒劑。

柯維騏決定繼承歷史上的勸懲史觀，即在他編的史書中大力歌頌忠義，無情鞭撻奸邪。他認爲元修《宋史》未把文天祥、謝枋得、李庭芝等人列入忠義傳是最嚴重的謬誤，不記酈瓊、劉整、留夢炎等投降金、元的人更是不可不糾正的缺失。他決定把前面這些人寫入忠義傳，使他們萬古留芳；把後面這些人寫入叛臣傳，使他們遺臭萬年。至於奸臣，自然更不能放過，因爲他們亂政誤國，即使把他們放逐或處以極刑，也難以補償他們造成的禍害，所以也必須把他們的罪惡披露在史書上，使他們受到萬世唾罵。對人臣如此，對皇帝也要用民族大義予以衡量。柯維騏認爲北宋的徽欽二帝不能爲社稷而死，而是甘願去作金人的俘虜，這也應當受到歷史的譴責；南宋的高宗忘卻父兄之仇，重用秦檜，殺害岳飛，這樣的過錯自然也難饒恕。

柯維騏給自己定下的修史義例，既決定要闡明自己與元修《宋史》不同的觀點，也決定要訂正補充元修《宋史》在史實方面的謬誤與缺漏。比如范仲淹在〈岳陽樓記〉中有「先天下之憂而憂，後天下之樂而樂」的名言，這是人盡皆知的，可是元修《宋史》在〈范仲淹傳〉傳文中不提，只在論贊中輕描淡寫地說范有「先憂後樂之志」，這是不夠的。又如宋夏好水川之戰中宋軍的死傷數，元修《宋史》在紀傳中記載不一，〈仁宗本紀〉說死六千餘人；〈夏國傳〉說死萬三百人，數目相差幾乎一倍。柯維騏認爲諸如此類的謬誤、缺漏、矛盾都必須糾正、增補、核實。

柯維騏根據自己定下的義例，孜孜不倦地用功於改編宋史，一直工作了二十多年，最後終於在他將近花甲之年時完成了一部二百卷約一百八十萬言的宋史。他把書名定爲《宋史新編》表示這是與元修《宋史》全然不同的一部新作。他的書一脫稿，他的好朋友、曾任翰林院侍讀學士兼同修國史的黄佐，立刻爲他寫序。他的另一位好朋友兼同鄉、曾任翰林院侍講學士兼同修國史會典的康大和，爲他寫了後序。他們都一致稱讚《宋史新編》是部了不起的史書。

大約在完成《宋史新編》的同時或稍後一些，柯維騏把他研究《史記》的心得，整理成爲一部十卷本的《史記考要》，書中除了糾正補充《史記索隱》、《史記正義》等書的失誤與不足之外，特地對《史記》的義例作了闡述，說明司馬遷有疑以存疑、不妄作推測判斷的實事求是精神。《史記考要》不僅影響了國內的《史記》研究者，並且還傳到日本，對日本的《史記》研究者有莫大的啓發。至於對家鄉先賢文獻資料的搜集，柯維騏也得到了豐富的收穫。前人已經有過一部《莆陽文獻志》，柯維騏十分謙遜地表示自己的工作只是步前人後塵，所以把他所搜集到資料匯編成爲《續莆陽文獻志》。

《宋史新編》和《史記考要》、《續莆陽文獻志》的先後問世，使得柯維騏的名氣更大了。撫按福建的地方官，認爲有必要向朝廷推薦這樣一位學識淵博的宿儒，就接連不斷地向明世宗上表推薦，希望授予柯維騏官職，可是柯維騏一直不肯出仕。

就在這時候，柯維騏突然遭到了一次意料不到的打擊，明世宗嘉靖三十九年（西元一五六〇年），倭寇騷擾福建沿海，流竄到了他的故鄉莆田。嗜血成性的倭寇在莆田瘋狂地燒殺擄掠。柯維騏家的房屋被焚燒殆盡，他匆忙避居鄉間，隨身所帶只是心血結晶的書稿，衣服、傢俱和藏書全都被燒光了。處在如此逆境中的柯維騏，他只接受親友弟子的饋贈，對官府的救濟卻婉言謝絕了。

明穆宗隆慶初年，廷臣又一次推薦柯維騏。這時他已是七旬老翁，自然不能進京任職了。穆宗授給他承德郎致仕的銜，表示安慰。神宗萬曆二年（西元一五七四年），柯維騏以七十八歲的高齡去世。

柯維騏以畢生的精力改編《宋史》，他所完成的《宋史新編》，雖然有不少篇章是剪裁《宋史》而成，算不得是獨立創作，但是他的書義例勝於舊史，並且寫得提綱挈領，條理清楚，去掉了舊史蕪雜錯謬的毛病；對史事的評論也比較公允，易於爲人所接受。《宋史新編》所有的這些方面，都說明了柯維騏是具有史才的。特別是他那孜孜不倦，甘願爲史學獻身的犧牲精神，是值得後人紀念的。

王世貞——願爲史學復興執鞭而終其身

謝保成

王世貞，字元美，號鳳洲，一號弇州山人，又號天弢居士，明朝太倉（今江蘇太倉）人，生於嘉靖五年（西元一五二六年）。祖父王倬曾爲南京兵部右侍郎，父親王忬做過右都御史。王世貞自幼秉賦優異，記憶力强。十五歲時，便「有意用世家故列戟齒薦紳」（《弇州史料》後集卷四〇〈丁戊雜編序〉），注意當代史實。在攻讀經、史以外，又好詩文，他以「少年醉舞洛陽街，將軍血戰黃沙漠」的詩句，使人驚讚其才思，肯定他將來必以文章鳴世。大約在他十八歲時，作《戚武檮杌》記功臣世家興衰。

嘉靖二十六年（西元一五四七年），王世貞二十二歲，考中進士，觀政大理寺，第二年授刑部主事。他經常同李攀龍等往來唱和，深受其「文自西京，詩自天寶而下，俱無足觀」的影響。當時文壇，並稱「王李」。李攀龍死後，王世貞獨享文壇二十年。與此同時，他對當代的朝章國故、人物事跡，興趣更濃厚了，並開始搜集史料、考訂史事，準備撰寫當代史。在刑部任滿之後，屢升員外郎、郎中。其父寫信告戒他，有了名氣只是進取的開始，功名還須靠自己努力去爭取，不要依附權貴。在以後的仕宦生涯中，王世貞都不輕易附和某一任內閣輔臣。在刑部的幾年，他不接受徐階說情，硬把藏在錦衣都督陸炳家的奸校依法論罪；對於嚴嵩的有意拉攏，更表冷漠。嘉靖三十四年（西元一五五五年），終以楊繼盛一事爲嚴嵩「大恨」。通常，郎中九年任滿有文譽的，照例爲提學，吏部兩次推薦他爲提學副使，都遭到嚴嵩的阻止。第二年冬，王世貞被用爲青川（今山東益都周圍一帶）備兵副使。在任的二年半裡，他嚴格履行著一個封建地方官的職責，安民、理訟、賑飢、治水、捕「盜」、備倭，並築顏神城、修閱武堂等。儘管公務使他沒有餘暇，但他仍能利用午後不視事的時間，删定在刑部所作的詩文。其中有雜取朝廷典故的《丁戊小識》二十卷（以後略加增益，更名爲《弇山堂識小錄》），談國故、談異典等的《少陽叢談》二十卷。前者純記事，「無係好惡」；後者則「時有慨於中」，「有志焉，有辨焉」。王世貞自編資料，正式開始爲撰寫當代史作準備。

嘉靖三十八年（西元一五五九年）五月，嚴嵩藉口灤河失事，將其父王忬下獄問斬。王世貞兄弟二人跪請解救，終不能免，歸喪三年。大約此時，王世貞又作《閹寺小紀》二篇，傳記嘉靖以前明朝宦官的事跡，「傳未成」，以後成爲《弇山堂別集》中〈中官考〉的部分內容。此外，《鳳洲雜編》六卷，約成書於隆慶（西元一五六七—一五七二年）以前。書中各條亦雜見《弇山堂別集》、《國朝叢記》等，但詳略不盡相同。《鳳洲雜編》係雜採見聞，編次邸報、家乘而成，同樣是寫史的資料準備。

嘉靖四十一年（西元一五六二年）嚴嵩罷相，隆慶元年（西元一五六七年）王世貞兄弟爲父伸冤，得徐階之助，恢復了王忬的名譽和官位。王世貞又疏陳八事，依靠言官的推薦，起用爲河南按察使司副使，整飭大名（今河北大名一帶）兵備。不久，又遷浙江布政使司左參政，遇湖州（今浙江吳興）水災，他捐俸五十金資助救災，並上疏請改折漕糧十五萬石。隆慶四年（西元一五七〇年），爲山西按察使。不久，因母去世，回籍守喪。萬曆元年（一五七三年）正月，起用爲湖廣按察使。到任不久，即監鄉試，撰五策。其中第三策爲〈國史問策〉，闡述了他的史學見解。自青州到湖廣，王世貞逐漸形成一個比較完整的修撰國史的主張。他在〈國史問策〉中首先評述了史書體裁，認爲天下言史者有二家，《左傳》之始末在事，不能旁及人，苦於略而不偏；《史記》之始末在人，其事不能無重出而互見，苦於繁而不能竟，「故法左氏以備一時之覽，而法司馬以成一代之業，可相有而不可偏廢」。其次，考察了明朝史學衰微的原因，提出改變史學現狀的設想。他認爲朝廷除實錄別無國史，藏於金匱石室，外人難以見到，而且多曲筆和避諱；野史、家乘往往毀譽隨意，記事「不可信」，結果使得明朝雖然「人才卓然越百世」而史學卻「湮沒弗振」。他迫切希望「悉出金匱石室之閟，而錄其副以授夫載筆之臣，而益以郡國志記，及向所云野史、家乘之可採者，使公平該博之士，持論其是非；而爾雅適古之才，藻潤其辭事。會典之所輯，星官之所職，六尚書之故牘，可以書，可以志，可以表」。第三，主張獨力著述，國史不必一定官修。他認爲衆力著述雖然容易完成，但「見錯而辭不馴」；獨力著述雖然不易，但「志專而體不雜」，應該獎勵私人著史，然後擇優「進而爲公史」，像班固著《漢書》那樣。第四，進一步表達了他要創作一部當代信史的願望：「愚故尚欲法司馬氏」，有能就《史記》「删節其凡例，自羲黃而下，迨於今爲一家言，以藏之名山大川」，他「願爲之執鞭，而終其身」（上引均見《弇州山人四部稿》卷一一六）。

監試剛結束，王世貞改任廣西右布政使，又入爲太僕卿。萬曆二年（西元一五七四年）九月，他以右副御史撫治隕陽（今湖北隕縣、保康一帶），對屯田、戍守、兵食等事，都有許多好的建議。萬曆四年（西元一五七六年）他撥出帑金購買十三經、二十一史、各朝文集三千餘卷，開闢清美堂以供士人閱讀。由於公務比較稀簡，撫治衙門有時寂靜得像深山寺院，因此他有時間編刻其賦、詩、文、說爲《弇州山人四部稿》一百八十卷。這個初刻本與萬曆五年吳郡王氏世經堂刻本內容不盡相同，它包括《盛事述》、《異典述》六卷。其後削去，今見世經堂單刊本有《異典述》五卷、《奇事述》一卷。萬曆五年吳刻本又有一百八十卷與一百七十四卷之別，差異在有無最後的三卷《燕語》、三卷《野史家乘考誤》，《燕語》雜記明朝典制事實，其論兵制、論謚號、論功賞等條，雖詳略不同，後來多見於《弇山堂別集》各考。《盛事述》、《異典述》、《野史家乘考誤》，後來都擴其篇幅、卷帙，編入《弇山堂別集》。從《弇州山人四部稿》中可以看到，在此之前，王世貞編輯的明朝史料還有：《天言匯錄》十卷，匯錄了太祖至神宗初年的制敕詔誥，「以世次類列」；

《明野史匯》一百卷，是從各種野史中「抄得之，因集爲書」；《皇明名臣琬琰錄》一百一十卷，搜羅諸名公大夫志銘傳狀，「以至武弁、中璫之貴重者與布衣之賢者」，都包括在內，數量「人以千計，卷亦過百」；《安南志》二卷，記明朝安南事跡，至嘉靖中削安南爲都統使司止。此外，還有《錦衣志》、《倭志》、《札記》以及部分人物傳等。從青州到撫治鄖陽，是王世貞搜集、整理、編輯史料的重要時期。同時，王世貞形成對史料分類的完整思想。他認爲，史料大體可以分爲三類，即國史、野史、家乘。在〈史乘參誤〉、〈國史問策〉、〈明野史匯序〉、〈皇明名臣琬琰錄序〉中，它對三者的區別、弊端以及它們在史料價值中的地位，進行了分析，提出考訂明朝史學眞相的一般性原則。

張居正秉政，王世貞也不親附。萬曆四年（西元一五七六年）秋，他被任爲南京大理寺卿，未到任就被劾解職，回籍候用，栖居弇山園。萬曆六年（西元一五七八年）冬，被起用爲應天府尹，管轄今江蘇、安徽兩省長江以南地區，旋又被劾罷。萬曆八年（西元一五八〇年），王世貞兄弟二人都隨王錫爵次女縣陽子問道，自稱弟子。萬曆十年（西元一五八二年）春，浙江發生兵變民亂，與王世貞相友善的張佳胤以浙撫前往處理。事後，王世貞作了《張司馬定浙二亂志》。萬曆十二年（西元一五八四年）正月，他再度被起用爲應天府尹；二月，升南京刑部右侍郎，以病辭，准其在家調理，大約此時，他寫了《觚不觚錄》一卷、《嘉靖以來內閣首輔傳》八卷。王世貞從「大而朝典，細而鄉俗」的紊亂和變遷中感到，一代風氣日下，明皇朝不斷衰微，因而「傷觚之不復觚」，因而《觚不觚錄》「專記明代典章制度，於今昔沿革尤詳」，「有足備史家甄擇者焉」

(《四庫全書總目》卷一四一)後一部傳記,主要記述了嘉靖、隆慶、萬曆三朝首輔事跡,自楊廷和至張居正,共十四人,另有附行者若干人。

萬曆十五年(西元一五八七年),和王世貞關係較好的王錫爵秉政,他被推補爲南京兵部右侍郎,請求辭免不允。萬曆十七年(西元一五八九年)六月,以三品任滿,升南京刑部尚書。九月,御史黃世榮以他曾經被劾罷過,不應當累計任期。王世貞見仕途艱險,再三請求辭職。次年正月,准許他回籍調整;四月,回到太倉,閉門謝客。至此,王世貞「訪問朝家故典與閥閱琬琰之詳,蓋三十年如一日矣」。三十年來他爲撰寫當代史積累的筆記、資料主要有:《戚武檮杌》、《弇山堂識小錄》、《少陽叢談》、《閹寺小紀》、《鳳洲雜編》、《天言匯錄》、《明野史匯》、《皇明名臣琬琰錄》、《觚不觚錄》、《嘉靖以來內閣首輔傳》以及《盛事述》、《奇事述》、《燕語》、《錦衣志》、《札記》等;還有《丁戊雜編》、《國朝叢記》。對於大量的筆記資料,王世貞進行了嚴格的審查和仔細的甄別,他把三卷《史乘考誤》擴爲十一卷:前八卷考辨實錄與野史之失,後三卷考辨家乘之誤。他考訂實錄、野史,特別注意時代的避忌和史官的私心;考訂家乘,則十分注意過譽飾非。在「博雅」、「求眞」的基礎上,王世貞才著手撰寫紀傳體的當代史。但此時他已年過六十,無力完成這項龐大而艱巨的任務,只得把有關的著述加以整理、編次。萬曆十七、十八年(西元一五八九—一五九〇年)間,他編成了《弇山堂別集》一百卷,並於萬曆十八年冬以前刻出。大約與此同時,他還編成《弇州山人續稿》二百零七卷,生前未曾刊刻。《弇山堂別集》僅是王世貞欲撰當代史的一部分素材,它的「述」並不像有的論著所說,都是「記載明朝有關重大事件」的，它的「考」也絕不是「紀傳體史書裡的書志部分」，它的「表」更不同於「紀傳體史書中的表」，它不具備紀傳體史書的體制規模。王世貞所寫世家、列傳、志等稿以及《國朝叢記》的內容，都沒有編輯在內。《弇州山人續稿》文部一百八十二卷中，有相當數量的世家、列傳。它們中有一部分，只要同《明史》列傳對照，即可發現，《明史》不僅在取材、編次上沿用了王世貞《續稿》，甚至連文字也幾乎一樣。

萬曆十八年冬，王世貞在與僧某從容談笑說偈中逝去，卒年六十五歲，追贈太子少保。王世貞去世以後，生前友好擔心他的遺著散失，主張匯集發刊。經董復表整理，萬曆四十二年（西元一六一四年）刻成《王弇州先生史料纂》即《弇州史料》前集三十卷、後集七十卷。前集皆其所撰明人本傳、諸志、諸考及諸表序（諸考、表序文均採自《弇山堂別集》）；後集則爲碑志傳志、疏策、題跋、書序，其它有《國朝叢記》、《筆記》、《觚不觚錄》，而「皇明三述」、《史乘考誤》皆《弇山堂別集》中已有。《弇州山人續稿》萬曆年間亦有了家刻本。由於同時代人的極力推許，認爲「王弇州負兩司馬之才」而「爲文人以歿，皆本朝大恨事」（《弇州史料》前集序），於是民間坊肆，托其名編次著述，藉以增加銷路的很多，如《新刻明朝通紀會纂》、《綱鑑會纂》等。這種做法固不足取，但也反映了王世貞身後的社會影響是很大的。

李贄——標新立異　獨樹一幟

蔣大椿

明朝嘉靖六年（西元一五二七年）十月，李贄（原名林載贄，後復姓李，號卓吾）出生於福建省泉州府晉江縣。母親徐氏不久病故。早年喪母的不幸，使李贄還在就學前，便學會料理自己的生活，從小養成獨立的性格。七歲開始，隨父親李白齋讀書，學習《四書》、《五經》等儒家經典。根據明朝當時的規定，《四書》《五經》基本上按宋儒解說。同當時所有的讀書人一樣，李贄自幼便受到道學的灌輸。

李贄的出生地泉州，南朝以後便成爲東南沿海的商港。明朝在這裡設市舶司，商業繁榮。李贄的先祖，幾代從事航海活動。二世祖李駑，爲泉州巨商，洪武時奉命遠航南洋等地，娶色目人爲妻，遂信回回教(《榮山李氏宗譜》)。李贄幼時，看來也信奉過回回教。商業繁榮的環境，和異端家世的薰陶，加上李贄本人自幼形成的倔强獨立的性格，使他對於用儒家倫理箝制人們思想的道學，有著近乎本能的抵制。李贄怎麽也讀不明白朱熹的儒經傳注，用他的話說叫做「不能契朱夫子渾心」(《焚書》卷三〈卓吾論略〉)。能夠讀懂的部份，也往往和傳統見解很不一致。李贄十二歲時，寫過一篇《老農老圃論》，認爲樊遲願學老農老圃，其志在隱居，是很高尚的。孔子不了解自己的學生，才錯怪了樊遲。少年李贄就是以這樣與衆不同的見解，開始了他一生的文字生涯。

爲了謀求生活出路，李贄在嘉靖三十一年(西元一五五二年)二十五歲時，成爲福建省鄉試舉人，跨入那個濁霧瀰漫的社會。

李贄中舉後，因爲他的家庭這時已不富裕，籌足路費頗感困難，加上李贄本來就對仕途不感興趣，因此，他不曾去北京參加會試。嘉靖三十五年(西元一五五六年)，二十九歲的李贄開始作官。起初，他只想在江南找一個離家近便之處，覓一小官。沒想到卻被授以離家數千里之遙的河南輝縣教諭，李贄對此甚不樂意。不過，他雖對作官不熱心，卻渴望學習。他聽說宋朝人李之才在輝縣做官，邵雍不遠千里來向李之才問學，終於成了著名學者。李贄想，假如自己也能在輝縣「得道」，「雖萬里可也」，於是毅然赴任。輝縣邵雍舊居不遠有百泉，李贄常去遨遊。因爲生在泉州，又到百泉來爲官，李贄覺得自己跟泉頗有緣分，乃自號「百泉居士」。他在輝縣五年，雖常常去追尋邵雍故跡，卻「落落竟不聞道」。

嘉靖三十九年（西元一五六〇年），李贄因爲文章寫得好，擢升爲南京國子監博士。不數月，父親李白齋去世，回鄉守制。父喪畢事，李贄到北京任國子監博士。不多久，祖父李竹軒訃音又至，李贄復請假料理喪事。爲省盤費，將妻子黃氏和三個女兒安頓在輝縣。李贄在故鄉忽忽三年，再去輝縣與妻子團聚。不料因爲河南官貪歲荒，有兩個女兒被餓死。因得友人鄧伯陽資助，妻子和一個女兒才勉强靠耕織爲生，活了下來。嘉靖末年的明朝，極重進士，不由進士出身的人，政治上很難有多大進取。李贄出身擧人，已爲世所輕，又連遭父、祖去世，前後耽擱六年。宦途阻滯，家庭破敗，萬念俱灰，當他與妻子見面時，「秉燭相對，眞如夢寐」，「無宦意矣」（《焚書》卷三〈卓吾論略〉）。

然而，爲了生活，嘉靖四十五年（西元一五六六年），李贄還是攜家至京，任禮部司務。有人因爲此官太窮，勸李贄不要就任。李贄回答說，世間最窮的是「不聞道」「吾聞京師人士所都，蓋特訪而學焉。」（同上）爲了求得眞學問，李贄並不在乎官小俸薄。由於禮部郎中徐用檢和李逢陽的介紹，李贄在北京開始接觸王守仁及其弟子王畿的著作，「潛心道妙」，受到王陽明學說的影響。

隆慶末，李贄調南京，先任刑部主事，萬曆初升員外郞。其間，他結識著名學者耿定理和焦竑，成爲終生至交。同時，繼續鑽研王派學者王畿、羅汝芳的著作。萬曆二年（西元一五七四年），李贄拜泰州學派創始人王艮之子王襞爲師，他自己也在南京講學。他與泰州學派過從甚密，稱讚王艮及其弟子是「眞英雄」。泰州學派的重實踐，認爲百姓日用即是道的主張，以及這派學者如顏山農、何心隱等人堅强不屈的戰鬥性格，都給了李贄以積極的影響。

李贄自幼形成獨立倔强的性格，不願受人管束。進入官場後，便處處與浸透程朱理學思想的上層官僚相抵觸。在南京刑部任員外郎，不得尙書謝登之、大理卿董傳策和汪宗伊之意。謝登之是個不足道的小人，汪、董均算是較正派官僚。但他們都自視甚高，以至居官並不十分淸白，「堪笑東西馳逐者，區區只爲一文錢」（《續焚書》卷五〈聊城懷古〉）。爲官淸峻而又喜怒現於色的李贄，自然難免與之發生矛盾。一連串的官場不快，使李贄深感苦惱。加上年過半百，身體漸差，這時便深入鑽研佛經，潛心生死底蘊，企圖用以擺脫人世的煩惱。佛教的衆生平等，人人皆能成佛一類思想，爲李贄所吸收。其消極面自亦同時影響李贄。

萬曆五年（西元一五七七年），李贄調任雲南省姚安知府。這樣一個多民族聚居之地，與內地情況有較大差別。李贄審情度勢，一反過去官府的「嚴刻」做法，使法令簡易，深得吏民擁護，但卻遭到專事聚歛的巡撫王凝和分守道駱問禮的反對。李贄公務之暇，仍將主要精力放在學問上。他在雲南，與泰州學派著名學者、雲南參政羅汝芳切磋學問。並常和當地名僧討論佛學。三年知府官，李贄除「俸祿之外，了無長物」。巡按劉維也認爲這位知府是「賢者」，打算將他的政績上報朝廷。但李贄卻再也不願混跡官場，受那般閒氣了。從萬曆八年（西元一五八〇年）三月底起不理政事。七月，獲准致仕。《姚州志》記道：李贄「致仕歸，囊中僅圖書數卷。士民遮道相送，車馬不能前進。」

李贄擺脫官場，卻不願回故鄉泉州與當地官吏周旋酬應。萬曆九年（西元一五八一年）春，李贄到湖廣黃安，在摯友耿定理家住下，一邊教授耿家子弟，一邊從事著述。萬曆十二年（西元一五八四年），耿定理病故，李贄與其兄大官僚耿定向意見對立。次年三月，乃移居麻城。不久，遣送家眷回福建。萬曆十六年（西元一五八八年），爲徹底擺脫一切世俗糾纏，也爲公然以「異端」自居，李贄剃去頭髮，但卻並不爲僧，隱居在距麻城三十里的龍潭芝佛院。這裡，四圍環水，萬山瀑流，激而爲潭，清澈見底。綠樹紅閣，隱現其上。臨水縱目遠眺，重重羣山，森然屏列，泉石極爲幽奇。李贄在這水秀山明的僧院裡，隱居了十多年，除偶爾與幾位友人及高僧論學外，「手不敢釋卷，筆不敢停揮」（《續焚書》卷一〈與焦弱侯〉）。日日如此，辛勤著述。

萬曆十八年（西元一五九〇年），李贄代表作之一《焚書》在麻城刊印。《焚書》共六卷，突出表現了李贄思想的戰鬥風格。他辛辣地嘲笑假道學的虛僞，鞭笞道學家們的無恥嘴臉和惡劣行徑。道學先生們自命「聖人」、「山人」，實際上「心同商賈，口談道德而志在穿窬」。李贄不僅盡情揭露道學家「口談道德而心存高官，志在巨富」的言行不一的醜態，還進一步否定儒經的權威。指出《六經》、《論語》、《孟子》所以成爲經典，是後人捧起來的，大半並非「聖人之言」，不過是一班迂闊門徒記憶師說，有頭無尾、有後無前的隨筆而錄之語。即使有些話出自孔子，也是有所爲而發，「不過因病發藥，隨時處方」，「豈可遽以爲萬世之至論乎！」李贄估計到其書將不爲世所容，故取名爲《焚書》。李贄在書中，還將給刑部侍郎耿定向的七封書信予以公開，揭露這個官僚的假道學虛僞嘴臉，極大地震動了當時思想界。耿定向急忙作《求儆書》，回答李贄的所謂「誹謗」，並鼓動門徒圍攻李贄。次年，耿定向學生蔡毅中作《焚書辨》，攻擊李贄。耿家勢力甚至要驅逐他。李贄與道學家們的鬥爭，從此便日趨激烈了。維護封建秩序的道學家們，勢力畢竟太大了。李贄與耿定向決裂，身邊的一些朋友亦漸疏遠。李贄因失去朋友而苦惱，自稱「老苦」，然戰鬥的情緒仍舊是激昂的。他吟詩自勵：「多少無名死，余死特有聲。祇愁薄俗子，誤我不成名」（《續焚書》卷五〈答袁石公〉）。

萬曆二十四至二十六年（西元一五九六—一五九八年），李贄應友人劉東星、梅國楨之約，去山西沁水、大同等處遊歷。萬曆二十七年（西元一五九九年），又應焦竑之約到南京。這年李贄七十三歲，代表作《藏書》在南京刻成。《藏書》六十八卷，其中〈世紀〉八卷，〈列傳〉六十卷。列傳分爲大臣、名臣、儒臣、武臣、賊臣、親臣、近臣、外臣八大類。每類之中，又分爲若干子目，記載了從戰國到元末作者認爲重要的歷史人物約八百人。李贄在書中寫了許多史論，自謂乃「精神心術所繫」，甚爲珍重。《藏書》以其獨特思想見解在史學史上獨樹一幟。

最突出的一點是，李贄認爲，歷史在變化，道德在變化，判斷歷史的是非標準也必須隨之變化。他反對千百年來以孔子一人是非觀作爲價值標準的專斷態度，提倡是非無定質，無定論，是相對的。是非之爭，如同晝夜更迭，不斷變化。「昨日是而今日非也，今日非而後日又是矣。雖使孔夫子復生於今，又不知作何是非也，而可遽以定本行賞罰哉！」故李贄反對「執一」之說，「一」就是儒家經典。只有不執一說，不定死法，方能便利世道。《藏書》否定以孔子是非爲是非，而他原情論勢，定出是非標準，翻了不少歷史陳案，「勘爲前人出氣」。他稱秦始皇爲「千古一帝」，把農民起義領袖陳勝、竇建德與帝王一起列入「世紀」，讚揚武則天「專以愛人才爲心，安民爲念」爲近世諸帝王所難以比擬，還說卓文君善擇佳偶等等。相反，對道學家們一向吹捧的程頤、朱熹，《藏書》則有意貶低，把他們列入「行業儒臣」。

譏儒、貶儒，是《藏書》的又一特色。李贄「重實學」。因此痛斥不懂實學的「儒臣雖名爲學，而實不知學」。是一羣只知學步失故、求治反把事情弄亂而爲人嗤笑的敗事者。對於理學家們造出的「道統」論，李贄更斥爲「大謬」，是應當將造論者處以刑罰的「誣罔」之論。這些在黑暗中閃耀奪目光芒的反儒思想，給了後世啓蒙運動以深深啓迪。

《藏書》還公開倡私言利。認爲「人必有私」。種田人正是想自己秋天有收穫，治田才肯用力；讀書人正是想著自己的進取，才肯用心治舉子業。即使是聖人孔子，也是因爲有官做，才肯留在魯國。這是「自然之理」。李贄還認爲五金百寶都產於土地，不應當諱言利，治理國家者應當通商惠工，「因天地之利而生之有道」（《藏書》卷二六〈司馬光〉）。這些思想都曲折地反映出當時那個還很微弱的進步階層要擺脫封建桎梏的前進願望。

李贄對自己的《藏書》，曾經寄予厚望，「蓋我此書，乃萬世治平之書，經筵當以進讀，科場當以選士，非漫然也。」（《續焚書》卷一〈與耿子健書〉）然而，等待李贄的卻是對他的更加瘋狂的迫害。

萬曆二十八年（西元一六〇〇年）春天，劉東星又到南京接李贄到濟寧暫住。編定《陽明先生道學鈔》八卷，李贄即回麻城。這時耿定向已死，但麻城的道學勢力，並未放過李贄。他們勾結官府，雇用一批打手，以「逐游僧，毀淫寺」、「維持風化」爲名，拆毀了李贄寄居的芝佛院，連李贄準備死後藏骨之塔也被燒毀。幸虧李贄預先得到消息，得友人楊定見幫助，躲至河南商城縣黃蘖山中避難。次年二月，李贄另一友人馬經綸將李贄接至通州。李贄在通州寫完最後一部著作《九正易因》。萬曆三十年（西元一六〇二年）閏二月，禮科都給事中張問達參劾李贄「惑亂人心」，竭盡汚蔑之能事。明神宗以「敢倡亂道，惑世誣民」的罪名，下令逮捕了李贄。年邁病弱的李贄在鎮撫司獄中，已抱定必死的決心。他在獄中曾賦《繫中八絕》，末絕寫道：「志士不忘在溝壑，勇士不忘喪其元。我今不死更何待？願早一命歸黃泉。」是年三月十六日，李贄奪獄中侍者剃刀，自刎而亡。這位傑出的史學家便這樣悲壯地離開了人世，終年七十五歲。

李贄一生，寫了大量著作。當他還在世時，人們因爲「喜其書」，便到處翻刻。其著述「見刊傳四方者，不下數十百種」（見《李贄研究參考資料》第一輯第六五頁）。這些著作中閃耀的進步思想，明廷極爲驚恐。萬曆三十年下令逮捕李贄時，朝廷同時命令地方有司將李贄著作「盡搜燒毀，不許存留」（《明神宗實錄》三六〇卷），違者治罪。但朝廷儘管禁，學者和民間卻照樣印。萬曆三十七年（西元一六〇九年），李贄研究明史的《續藏書》刊印行世。萬曆四十年（西元一六一二年），《李卓吾先生遺書》印行。萬曆四十六年（西元一六一八年），李贄學生汪本軻輯《續焚書》行世。眞是：「李卓吾先生沒，而其遺書盛傳」。天啓五年（西元一六二五年），明廷從御史王雅量奏請，再次下令禁毀李贄著作。直到清乾隆間，仍然下令焚毀李贄著作。然而，進步思想是任何專制手段所禁遏不住的。「卓吾書盛行。……几案間非卓吾不適。朝廷雖禁毀之，而士大夫則相與重錄，且流傳於日本」（李維楨《續藏書·序》），李贄的影響反倒越來越大了。

焦竑——精於本朝史的研究

朱仲玉

焦竑，字弱侯，號澹園，江寧（今江蘇南京）人，生於明嘉靖二十年（西元一五四一年）。他爲諸生時就負有盛名，後拜督學御史泰州學派著名學者耿定向爲師，又質疑於另一位泰州學派著名學者羅汝芳，學業更大有長進。他在二十三歲那年應嘉靖甲子（西元一五六四年）科鄉試時，卻意外地遭受挫折，落第而還。耿定向並不因爲焦竑落第而加以責備，仍然很器重自己的得意門生。他遴選十四郡名士讀書於崇正書院，特地推定焦竑爲學長。爲此，焦竑很感激耿定向，在耿辭官回鄉隱居時，還特地趕去繼續求教。

萬曆十七年（西元一五八九年），焦竑四十八歲時，終於得中狀元，被授予翰林修撰。從此，他細心研習國典朝章和諸子百家之學。焦竑讀書很廣泛，從經史子集到稗官雜說，無不涉獵，並且每讀完一部書都要寫札記和心得體會。後來，他的傳世之作《焦氏筆乘》、《焦氏類林》、《玉堂叢語》等，都是在讀書札記的基礎上整理修訂而成的。

在各門學問當中，焦竑最喜歡的是史學。他細心研讀了《史記》，寫有多篇見解卓越的筆記。他指出了《史記》紀傳部分有自相矛盾的地方；指出了〈賈誼傳〉、〈司馬相如傳〉中記有武帝以後的事，那是後人竄入的文句，非司馬遷原作；他認爲《史記》列孔子於世家，而把老子歸入列傳，與中韓相類，看不出司馬遷有什麼先黃老而後六經的意思；他又指出，《史記》會粹衆書而成，但疏於審核對勘，所以年月先後常有不盡相合之處，如韓魏時處戰國，而〈滑稽列傳〉說其君陪楚莊王葬馬，扁鵲曾爲虢公治病，而傳中卻說他與趙簡子同時等等，時間上都有錯亂。對於班馬的比較，焦竑不同意張輔等人以文字多寡爲評判優劣的標準，他贊成程頤所說的話，認爲《史記》的微情妙旨寄之於文字蹊徑之外，《漢書》的情旨則盡露於文字蹊徑之中。焦竑還進一步發揮說，讀《史記》，必越浮言者始得其意，超文字者乃解其宗；而讀《漢書》，一覽之餘，情詞俱盡，沒有多少值得回味之處。

焦竑對諸子學也很感興趣，研究細緻入微。他寫有多種闡揚老子、莊子學說的作品，如《老子翼》、《莊子翼》等，但是他常常混淆禪學和中國的諸子學，如說禪學與老莊相通，也與儒學有可印證處，甚至他在解釋《論語》中的「屢空」之「空」時，也說那是不留一物，胸次常虛之意，這就援禪入儒，把儒學與禪學等同起來了。

由於焦竑以史學見長著稱，所以在萬曆二十二年（西元一五九四年）大學士陳于陛建議修國史時，就推薦焦竑專領其事。對於這樣重大的責任，焦竑開始不敢應承，再三遜謝。書局成立後，他先仿照《隋書經籍志》的體例，撰寫了《國史經籍志》，對書籍分類，於經史子集四部之外，首列制書部，把明太祖以來的詔令制書置於儒家六經之上，充分顯示了他尊時王的觀點。《國史經籍志》分經部爲十一類，史部十五類，子部十七類，集部五類，各類均有序，闡明分類宗旨。這種做法，可以說是繼承了史志目錄中《隋書經籍志》的好傳統，比《舊唐書經籍志》以下的各史志目錄要高明得多。《國史經籍志》還有一個附錄，叫做「糾繆」，對《漢書藝文志》至《宋史藝文志》，以及《崇文總目》、《通志藝文略》、《郡齋讀書志》、《文獻通考經籍考》等目錄書中的分類謬誤之處，一一提出糾正的意見。這說明焦竑對史部範圍內的簿錄之學是很有研究的，他在編《國史經籍志》時是下過一番功夫的。他的「糾繆」，後來雖然爲章學誠指出有未悉古今學術源流的地方，但是《國史經籍志》本身一向得到好評，著名乾嘉學者錢大昕補撰《元史藝文志》時，從中採獲了不少資料。

除了編撰《國史經籍志》以外，焦竑也開始著手搜集並撰寫當朝人物的傳紀，這就是後來編成的《獻徵錄》（或稱《國朝獻徵錄》），計有一百二十卷之多。

焦竑在接受編撰國史的任務時，上了《修史條陳四事議》，他認爲國史中應爲建文、景泰立本紀，而明世宗的生父睿宗興獻皇帝，是後來他的兒子入繼大統後追封的，生前並沒有南面而尊，所以就不用立本紀。在列傳方面，焦竑認爲舊例三品以上的官才能在史書中有傳是不合理的，史書的目的是爲了褒善貶惡，應當貴賤並列、善惡並列，並且是非一定要掌握好分寸才對。焦竑還認爲史館應招四方文學之士，不能開奔競之門，人員要精幹，開支應節省，書稿還未寫出，謄錄官就先不必設置，等書稿寫成後，再取用謄錄官也不算晚；史館中的書籍則必須要備齊，缺失之書一定要加以尋訪，以備應用。焦竑的這些主張，都是正確的，但在當時是未必合於時宜的，因爲明神宗是明穆宗的兒子、明世宗的孫子，也就是那位被追封的睿宗與獻皇帝的玄孫，不給睿宗立本紀，不要說神宗不高興，就是在史館總裁那裡也是通不過的。

爲了發揮自己在史學方面的見解，焦竑又寫了〈論史〉一文，指出修史的責任甚爲重大，必須得其人，專其任，才能把工作做好，並且寫史書要採用多方面的資料，既要採用官文書中的章奏，也要參考時論，既要收私家的志銘，又要與鄉評進行核對。在史館內部，雖由衆手修史，但也要有一人總其大成。只有這樣，才能把修史工作做好。焦竑的這些觀點，看來也都是有一定道理的。

焦竑把歷史看作是教育人的重要工具，他在翰林院任職時，按制度規定有教授皇宮小內侍讀書的職責。有人說，這些小太監，只要讓他們學會能侍奉帝后就行了，教他們讀書有什麼用？可是焦竑的看法與衆不同，他說：這些人將來都是在君主左右的人，怎能忽視對他們的教育呢？於是他就把自古以來太監的善惡故事編成教材，經常教育皇宮中的小內侍，希望他們將來都能向歷史上有善行的太監學習。

對太監如此，對皇子也不例外，後來焦竑擔任皇長子的侍講官時，也以歷史作爲教材。他擅長用啓發的方式進行教育，每講完一章書，都要請皇長子提出疑問。皇長子提不出問題，他就進行反問，啓發這位儲君認眞思考。焦竑教學十分嚴格，不許可學生分散注意力。有一次，他正在講書，忽遇羣鳥飛鳴而過。皇長子被飛鳥所吸引，抬起頭來向窗外觀望。這時，焦竑就停止講書，站起來，用嚴肅的目光注視著自己的學生。皇長子看到焦竑嚴肅的樣子，知道自己錯了，趕快低下頭，眼看著書本，焦竑這才開始繼續講課。他曾採取古代儲君行事可爲法戒者編成《養正圖說》一書，準備獻上後詳細給皇長子講解，後來因爲同官郭正域等人心存妒忌，認爲焦竑沒有跟他們一起商量編纂這部書，是想用他自己擅長的歷史知識在儲君面前沽名釣譽，所以就散布流言蜚語，爲此，這部《養正圖說》才沒有正式獻上。但是有人看過這部《養正圖說》，認爲對儲君還是很有教育意義的；也有人說，後來焦竑不是通過侍講的機會，而是通過別的途徑，把書送到了皇長子手中，郭正域等人的阻撓並沒有獲得成功。

焦竑生性疏直，與李贄友善，在許多問題上與李贄有相同的看法。他對於不合理的事情敢說敢管，因此得罪了不少人。當時內閣四宰輔之一的張位，特別討厭焦竑，總想排擠他。萬曆二十五年（西元一五九七年），焦竑主持順天鄉試，因考生曹蕃等九人的文章中有險誕語，因而引起軒然大波，張位等人羣起彈劾焦竑，他爲此被貶謫爲福寧州同知。過了一年多，焦竑又被降級。他一氣之下，就辭職回家，專心從事著述，其時他還不到六十歲。後來，他雖一度又被起用，但一方面因年歲已大，另一方面對官場已經失望，所以他更多的精力還是放在著述方面，對做官已經不甚感興趣了。

萬曆四十八年（西元一六二〇年），焦竑因病去世，享年八十。明熹宗即位後，感懷於焦竑的講讀之恩，下令恢復他的官職，贈諭德，賜祭蔭子。

陳邦瞻——重近古之史事　撰宋元二本末

謝保成

陳邦瞻，字德遠，明朝高安（今江西省高安縣）人，約出生於嘉靖末年（十六世紀六〇年代）前後。這時中國封建社會逐漸衰老，農民起義連綿不斷，市民鬥爭相繼興起，韃靼、倭寇侵擾日益猖獗，統治集團內部爭鬥愈演愈烈。思想領域內出現了爲明皇朝注射强心劑的王陽明「王學」，提出「致良知」和「知行合一」，要人們去掉私欲，保持先天的「良知」——忠、孝、節、義等封建倫理道德，並把它們體現到行動中去，企圖以此論證封建秩序是一種不可動搖的先天秩序。

陳邦瞻自幼「好學」，通詩文，懂史事。萬曆二十六年（西元一五九八年）考中進士，進入仕途，即授官南京大理寺評事。不久，爲南京吏部稽勛清吏司郎中，協助吏部尚書負責辦理官員授勛、升降、守喪、歸養等事務。公務之外，他非常注意歷史的重要社會作用，認爲通過徵引往事，可以訓戒後來；考察世變，可以安邦治國。因此，他對「五帝、三王之事」，「漢、唐之盛」進行了考察。陳邦瞻考察的結果是，宇宙間的風氣，自古至於明朝，發生重大變化有三次：從開天闢地，一變而爲堯、舜，經過周到戰國，達到極點，發生了轉化；二變而爲漢朝，經過唐到五代，達到極點，又發生了轉化；從宋朝起發生第三次變化，但還沒有達到極點，即所謂「宋其三變，而吾未睹其極」。聯繫到現實，說明他看清了明皇朝的衰微，擔心其「變而爲極」，發生轉化。爲此，陳邦瞻特別嚮往北宋太祖、太宗時的統治局面，追慕宋朝三百年「家法嚴」、「國體順」、「吏以仁爲治」、「人以法相守」的「制世定俗」的統治。同時，他又不滿於宋朝的「弱勢」、「煩議」、「事權過奪」、「文法太拘」等弊病，認爲「要以矯正」。但是，爲了維持「世變未極」的局面，明朝的統治者還不能不因循、效法宋朝的統治。於是，陳邦瞻提出要善於因循、效法的問題，即以宋朝的得和失爲鑑戒。抱著這樣的目的，他決定編寫宋朝的歷史。(以上引文，俱見陳邦瞻《宋史紀事本末敍》)如何編寫？陳邦瞻也有周密的考慮。

元朝官修紀傳體《宋史》，一方面與《遼史》、《金史》並列，另方面在史料剪裁、史實考訂、編寫體例、文字修辭等方面也都有問題，明朝不少人想要改編。土木之變發生後，曾有人以宋、遼、金三史「體例未當」，欲重修宋史(見《明史·周敍傳》)。正德年間(西元一五〇六—一五二一年)，王洙《宋史質》把遼、金列爲外國，取消元朝年號，追稱明太祖朱元璋的高祖爲「德祖元皇帝」，直接「承宋統」。嘉靖時曾令嚴嵩負責重修宋史，以宋爲正統。最後，柯維騏修成《宋史新編》，改變了元修《宋史》的面貌，將宋、遼、金三史合而爲一，以遼、金附載，這是以紀傳體改編的宋史。而陳邦瞻則認爲，紀事本末體敍事，能夠事前抓住苗頭，事後了解起因；分析情理委婉明顯，考察因果周密簡約。對於宋朝的歷史，尤其應該用這種體裁重新編寫，即所謂「不佞於宋事尤重有慨焉」。恰好，馮琦、沈越二人都曾用紀事本末體改編宋史，但都沒有完成。萬曆三十二年（西元一六〇四年），馮琦的學生劉日梧和熟悉沈越編寫情況的徐申了解到陳邦瞻的修史志向，共同邀請他在馮、沈二人舊稿基礎上，加以增訂補寫。在這種情況下，陳邦瞻承擔了編纂《宋史紀事本末》一書的任務。經過一年左右的時間，到萬曆三十三年，全書完成。陳邦瞻採用馮琦等舊稿，約佔全書十分之三；自己新編，約佔全書十分之七。緊接著，徐申、劉日梧又請陳邦瞻續編元朝部分。大約也經過一年的時間，到萬曆三十四年（西元一六〇六年）秋，陳邦瞻完成了《元史紀事本末》一書，其中《律令之定》是由臧懋循補寫的。

宋、元二史紀事本末，在這一史書體裁的發展演變過程中，佔有重要的地位。二書表現的正統思想比袁樞《通鑑紀事本末》突出，紀事範圍比袁書廣泛，編排史事的方法和取材有許多優於《通鑑紀事本末》之處。這一切，明顯的表現出陳邦瞻的史學思想和學術貢獻。

本末體史書一事一目，每事之間不必求其聯繫，它們在全書中佔什麼地位也無須考慮。因此，紀事可以根據作者的需要，進行選擇編排，有很大的靈活性。陳邦瞻發揮了這一特點。《宋史紀事本末》一百零九目中，八十九目記宋朝史事，因宋而涉及遼、金、元事的十二目，專述金、遼金、金元以及元事的八目。不論兼及遼、金、元，還是專述金、元朝，紀年都用宋朝年號。書中雖記宋、遼、金三朝乃至元朝事，卻以「宋史」標名。他又另編有《元史紀事本末》，特別是萬曆三十五年（西元一六〇七年）又有人曾將二書同袁樞《通鑑紀事本末》合刻，並分別對二書略作合併和改卷，這時完全可以將有關元初的立目從宋史本末中移入元史本末。但由於陳邦瞻認爲，臨安當時尚未最後被攻破，南宋不能算滅亡，所以要將元初的史事立目列入宋編，這顯然是站在南宋的立場寫史，目的當然是突出以宋爲正統的思想。《通鑑紀事本末》基本是以用辭來表現其正統觀念，陳邦瞻卻利用本末體史書編排史事靈活這一特點來表現其正統觀念，說明他的這一思想更加突出。

《通鑑紀事本末》多注重社稷更替、統治集團內部的矛盾、農民起義的威力以及漢族政權與少數民族的關係。宋、元二史本末的紀事、立目大大超出了這樣的範圍，頗多涉及制度、民俗、思想等方面的內容。陳邦瞻認爲，明朝「國家之制，民間之俗，官司之所行，儒者之所守，有一不與宋近者乎？非慕宋而樂趨之，而勢固然已」。圍繞這些內容立目的有：收兵權、太祖建隆以來諸政、禮樂議、營田之議、咸平諸臣言時務、天書封祀、天聖災異、茶鹽榷罷、正雅樂、刺義勇、王安石變法、學校科舉之制、元豐官制、花石綱之役、道教之崇、建炎紹興諸政、孝宗朝廷議、陳亮恢復之議、道學崇詘、公田之置等。此外，還兼及治河、浚六塔二股河。對於元朝史事，雖然他明確認爲元不得爲正統，卻承認「元開我（明）朝」，並看到宋亡一百年來，「四方民物小康，先王之舊物不廢於其世」的事實。尤其認爲，明朝的設官、定疆域、轉運、漕運、曆法、科學學校制度，其「因革損益，猶有取焉」（《元史紀事本末序》），因而書中所取內容多是能夠爲明朝統治者「以備殷鑑」的。這同時又開創了紀事本末體史書記述典章制度、經濟、思想文化內容的先例，促進了史書體裁的改進。

陳邦瞻對於紀事本末體史書體裁的發展，還表現在用人物傳的形式來彌補這一體裁的不足。《宋史紀事本末》卷八十〈道學崇詘〉不僅敍述了道學在宋朝的興衰演變過程，而且記載了周敦頤、程顥、程頤、張載、邵雍、朱熹、呂祖謙、陸九淵等十五人的活動。其來源主要是抄自《宋史・道學傳》。應該說，對史書體裁的演變，這是有意義的。對事發論，袁樞在《通鑑紀事本末》中只引用了司馬光的部分言論，而陳邦瞻在宋、元二史本末中，除了引用歷史上部分史家的言論外，自己亦間有議論，這比袁樞有所發展。宋史本末卷二、十二、二十三、四十七、七十五、七十六，元史本末卷十五，都有「陳邦瞻曰」。元史本末卷十八還有一大段作者的按語。

陳邦瞻改寫紀事本末，在取材方面也有許多超過袁樞的地方。袁樞只取材一種史書，陳邦瞻卻取多種史書；袁樞改編年體，陳邦瞻以改紀傳體爲主。元修《宋史》卷帙浩繁、蕪雜，陳邦瞻還兼採《遼史》、《金史》、《元史》。紀傳體列事於紀、志、表、傳中，欲求一事之始末，必盡閱有關部分，還要審定年月，順序編排。況且，宋、遼、金、元史之外，還雜採薛應旂《宋元通鑑》、商輅等《續通鑑綱目》等。正因爲此，《四庫全書總目》稱其「實有披榛得路之功」，「讀《通鑑》者不可無袁樞之書」，「讀《宋史》者亦不可無此一編」。

陳邦瞻的史學活動和史學成就，史傳多無記載，這裡僅就編纂宋、元二史本末事，以補其缺。

此後，陳邦瞻出爲浙江參政，又提升福建按察使。不久，改授河南右布政使，分理彰德諸府（今河南安陽一帶）。在該任期間，他曾動員民力開闢水田上千頃，使百姓有所受益；同時籌建了滏陽書院，對興辦文化事業，做了有益的事。當地百姓很感激，修了祠堂來紀念他。後來，他以右副都御史巡撫廣西，以兵部右侍郎總督兩廣軍務兼巡撫廣東，曾派兵平息了上林、田州（今廣西田陽一帶）的土司叛亂，擊退過海上林莘老萬餘人的侵擾。當時，葡萄牙殖民主義者經常在東南沿海一帶活動。他們勾結漢奸，不斷侵掠內地，陳邦瞻燒毀了他們聚集的巢穴，使之不能再肆無忌憚地入內地騷擾。再後，又改工部、兵部右侍郎。天啓二年（西元一六二二年），魏忠賢和熹宗寵信的乳母客氏，相互勾結，竊取大權，排擠在朝的東林黨人。這年五月，陳邦瞻冒著被閹黨迫害的風險，犯顏直諫，特別指責了客氏，認爲她「既出復入」是熹宗過於抬舉她；同時指出，正直的輔臣因直言降罪，是重蹈「拒諫之失」。結果他被指爲大逆不道。不久，又兼戶部、工部二侍郎，專管軍需。陳邦瞻這些方面的「政績」，可以說同他修史「徵往而訓來，考世而定治」有著直接關聯。天啓三年（西元一六二三年），陳邦瞻死於任上。死後被追贈爲尚書。

史載其「好學，敦風節。服官三十年，吏議不及」（《明史·陳邦瞻傳》），是一個受稱道的封建官吏。除了宋、元二史紀事本末，陳邦瞻還有《蓮花山房集》。

談遷——棗林精神　皇皇巨製

童恩翼

那是遙遠的南宋亡國之際的事了，有位談姓遺民，因避元兵，遷居杭州灣之濱海寧縣的棗林，並且在此落籍。到明萬曆二十一年（西元一五九三年）十月十二日，這棟老屋裡又降生了一名他的裔孫。日月不居，童蒙時代匆匆過去，轉眼便是清貧的耕讀生活，而後就成了一位名以訓，字孺木，號觀若的年輕秀才（諸生）。天啓元年（西元一六二一年）即二十九歲那年，談以訓的母親去世了。遵照禮制，居家守喪，不治外事。他本是個有「書癖」的人，尤其對於本朝歷史，興趣特濃，現在丁艱，排悶解憂，更惟有讀史了。當他仔細地讀著陳建的《皇明通紀》，希冀從中獲得許多眞知時，卻失望地發現這書史實錯誤甚多，史識亦甚淺陋。皇皇大明，怎可沒有一部傳世不朽的編年史！强烈的歷史使命感在年輕士子的心頭蔭動了。

常言說：看花容易種花難。要想著史，就得下苦功夫治史。現在，篇幅龐大到近三千卷的明代各朝實錄要讀，衆多的私家著述要瀏覽，可是一個僻在海隅的小窮秀才，書在哪裡呢？江浙爲人文薈萃之區，士大夫家多富藏書，但肯不肯讓你借讀借抄，就要看人家賞不賞臉了。談以訓生性耿介，不會阿諛奉承，然而爲了實現崇高的著述目標，卻經常得低眉折腰以求人，以至「重趼百里之外，苦不堪述。」（見《北游錄》）談以訓夏揮汗雨，冬呵凍毫，晝夜不停地苦讀勤抄。他以歷朝實錄爲本，從中擷取大量的史料；又遍考羣籍，擇善而從，以補實錄之缺，正實錄之非。知識由於積累。談以訓的明史學識像滾雪球似的越來越大了。於是，他便將「條積匭藏」的大量史料「稍次年月，矻矻成編」。（見《北游錄》）這是書的初稿。

天啓六年（西元一六二六年）初，是書便已「裒然成帙」。他以一人之力，在不到五年之內，便編出一部五百萬字左右的歷史巨著，進展何其神速！即使是依葫蘆畫瓢，每月也得寫十來萬字啊！驚人的著述速度，來源於這位在艱難條件下起步的史家的驚人毅力與獻身精神。他的友人喻應益在崇禎三年（西元一六三〇年）爲是書所作序言中說：「鹽官談孺木乃集海鹽、武進、豐城、太倉、臨朐諸家之書凡百餘種，苟有是述，靡不兼收，勒爲一編，名曰《國榷》。」爲什麼叫《國榷》？喻應益序言說：「夫以木橫水上曰榷，若孺木之所採輯，巨纖畢備，久近並綜，誠哉榷而取之，諸家無遺言矣。」談氏自已在《國榷・義例》中亦說：「橫木水上曰榷。漢武帝榷商稅，今以榷史，義無所短長也。事詞道法，句榷而字衡之。」這麼多的史料，自不是短時期內搜集和消化得了的；為要實現對明皇朝全部歷史「榷而取之」的高標準追求，更須付出長時期的艱苦努力。從二十九歲開始著手，至五十五歲書稿被盜，二十六年白了少年頭，而《國榷》一書卻「漸採浙廣，且六易稿，匯至百卷。」（《國榷・義例》）對一部凡百卷五百萬字的巨著六易其稿，工作量該有多大！

崇禎十七年（西元一六四四年）春夏間，接連發生了兩起震撼全國人心的重大事件：李自成率領農民起義軍浩浩蕩蕩進入北京：接著，清兵入關占領北京。史可法、高弘圖、張慎言等南部的明朝大僚們，急忙籌畫著立君建立新朝廷，以圖維繫人心，收拾殘局。他們站在漢族封建統治階級忠君愛國的立場，既仇恨農民起義領袖李自成，又反對滿族統治者問鼎中原。在同一文化體系薰育下成長起來的談氏，與他們在思想感情上是一脈相通的。為了不忘「國恥」，他憤而改名為談遷。

談遷並不是個只知一頭栽入故紙堆中的書獃子，他關心朝政大事，和高弘圖、張慎言等有相當深厚的交誼。在南明弘光政權初建時期，史可法以閣部督師之尊坐鎮江北，高弘圖入相，「朝廷大儀多出弘圖手」（《明史・高弘圖傳》），張慎言則以吏部尚書掌管著官員的任免升遷，雖有奸人馬士英闌入內閣，但總的格局還算可以的。這時談遷對未來是抱有希望的，他以高氏幕僚的身份，積極為高、張二人出謀畫策。編修國史本是他的夙志，可是當高弘圖要推薦他入史館時，他在愛國心的驅使下，婉謝相謝，甘願以一名老布衣留在高的幕中作些有裨於朝廷方針大政的實事，不忍心在國家多難之秋到史館裡去做官。然而，這一片彤彤報國心卻被小朝廷中的無情現實給敲成粉碎了。在昏庸皇帝的唆使下，馬士英、阮大鋮等閹黨分子與劉孔昭等勛貴交相爲惡，高弘圖、張愼言等正直官員紛紛被排擠下野，閹黨餘孽聯翩而入。談遷失去依托，身無半文，心憂天下，凌霄有志，報國無門，孤憤之餘，不得不又回到「麻涇之廬——」棗林村頭那間叫容膝軒的斗室中，一心重寫他的《國榷》去了。

這三年的經歷對史學家的談遷來說太不平凡了！痛定思痛，怎能不在心中激起巨大的波瀾，促使自己重新思考與認識許多問題。《國榷》的第六稿就是在這之後的兩年間振筆寫就的。

清順治四年（西元一六四七年）八月，一個巨大的不幸降落到談遷的頭上：一天深夜，有盜入其家，「盡發藏稿以去」，窮二十六載心血、六易其稿的《國榷》遺失了！創巨痛深，不可言喩。一個如此情操高尚，毅力堅强的硬漢子，是不會在這毀滅性的一擊中頹然倒下的。請聽他的自述吧：「丁亥（西元一六四七年）八月，盜胠其篋，拊膺流涕曰：『噫！吾力殫矣。居恆借人書綴緝，又二十餘年，雖盡失之，未敢廢也。遂走百里之外，遍考羣籍，歸本於《實錄》。其《實錄》歸安唐氏爲善本，檇李沈氏、武唐錢氏稍略焉。冰毫汗繭，又若干歲，始竟前志。」（《國榷．義例》）

這是一曲「有志者事竟成」的感人肺腑的頌歌。

談遷以數十年之功撰寫《國榷》，他的思想是有一個發展過程的。明朝萬曆後期，衰相雖已逐漸暴露，但包括黃宗羲在內的許多士人心目中，仍然視爲「全盛天下」。基於這種認識，談氏初稿的目的是「留心國史，考證皇朝實錄寶訓，博稽諸家撰述，於萬曆後尤詳」（朱彝尊《靜志居詩話》）。這是要以自己的史筆來糾正列朝實錄與諸家記載中的失實之處，寫一部從開國到當代的詳近略遠的信史。然而，到第五稿時，已是崇禎亡國之際，談氏深惑「思陵（指崇禎皇帝）十七年之憂勤惕勵而太史遐荒，皇宬烈焰，國滅而史亦隨滅，普天心痛。於是汰十五朝之實錄，正其是非；訪崇禎十五年之邸報，補其闕文」（黃宗羲〈談君墓表〉）。崇禎「殉國」與清兵入關雙重打擊來得如此突然，使談遷憂心忡忡。因此，他以沉痛的筆觸，著重補寫崇禎朝的歷史，以為殷鑑。大概沒等此稿寫完，清兵便已進軍江南，他「觸事淒咽，續以崇禎、弘光兩朝，而序仍之，終當覆瓿。」（《國榷・自序跋》）這就是第六稿了。此時，談氏撰寫《國榷》的主旨與其初衷相比，已有了很大的變化。他以「江左遺民」的身份，為了保存故國眞實而完整的歷史，「觸事淒咽」，奮筆著史。這與黃宗羲、萬斯同等人「一代賢奸托布衣」的心情是一樣的。這樣的史書，必然會觸犯時忌，因此不可示人，「終當覆瓿」。其實，他是不會當眞相信自己是為了用來覆蓋盛醬的罐子而重寫《國榷》的。他同司馬遷一樣，述的是往事，思的是來者，希望後人能從歷史中得到應有的教訓。這就是談氏寫《國榷》第六稿以及失竊後重新寫作的深刻動機。

順治十年（西元一六五三年）閏六月，談遷為了《國榷》這首心中的歌，以花甲之年，充當年僅三十餘歲的弘文館編修朱之錫的幕僚，「方舟而北」，來到北京。這是一個嚴肅的史學家不得不作出的抉擇。因為談遷寫《國榷》，天啓、崇禎、弘光間的局勢極其錯綜複雜，特別是崇禎、弘光兩朝無實錄可資憑藉，非廣聞博採，汰僞存眞不可。可是，一輩子在江南地區轉，見聞畢竟有限。北京為明清兩代的政治中心，如果「足跡未及燕」，則「三輔黃圖之盛，東京夢華之思，孺木即有意乎，亦安所措翰也。悲夫！」（《棗林雜俎》高弘圖序）北京是非得一去不可的，可是盤纏呢？爲此，六十歲的反淸學者給三十歲的仕淸後生作了幕僚，以求「附驥千里」、「一當于燕」。

談遷到北京後，雖然遇到了種種困難，但他本是個一見書籍便欣然色喜的人，即使一般人認爲猥誕的書，也要過個目；別人談的，路上聽的，只要有點價値，便記錄下來（見《棗林雜俎》高序）。這種著了魔似的治學精神，此時更發揮到了極致。他日同國子祭酒吳偉業、太僕寺卿曹溶，大理寺卿霍達等聞見廣博、家富藏書的「貴人」之門，「卑詞仰懇」，「冒突尊嚴」，以求先朝遺聞舊事，並「以《國榷》近本就正。」（均見《北游錄》）他還將求知的目光投射到前明公侯門客、落難皇親、宦官降臣等各色知情人物身上，從他們口中掏取史料。他更不避勞苦，深入實地採訪考察，耳目所及，隨即錄下，朱之錫說他：「每登涉躡屐，訪遺蹟，重趼累繭，時迷徑，取道於牧豎村傭，樂此不疲，旁睨者竊哂之，不顧也。及坐窮村，日對一編，掌大薄蹏，手嘗不輟。或覆故紙背，塗鴉縈蚓，至不可辨。或途聽壁窺，軼事緖聞，殘楮圮碣，就耳目所及無遺者。其勤至矣！」（《北游錄》朱序）凡此種種，我們在他的《北游錄》中，都可以找到許多活生生的例證。在世俗眼中，這位老人準是著魔了。朱之錫稱他「樂此不疲」，「其勤至矣」、「爲文士結習深重」雖然仍屬皮相，並未窺視談氏內心堂奧，但比起那些「旁睨者竊哂之」來，畢竟是進了一層。若是這個淸朝官僚對談遷心事了解得更透些，也許便不會攜他「同詣長安」（《北游錄》朱序）了；若是他也和芸芸衆生一般淺薄，那麼生性耿介的談遷也不可能在他府上一住就是兩年。

在有可能搜集的史料都搜集到手之後，談遷認爲：「余北游倦矣，得返爲幸。而修途四千里，身怯騎乘，勢必舟，舟不任獨，故任附。……擔簦而往，亦擔簦而回。篋中錄本，殆千百紙，余之北游幸哉！余之北游幸哉！」（《北游錄》）由於這千百紙的錄本對原稿進行補充和訂正，使得《國榷》的史料更加豐富，記載更爲翔實了。當然，這一切又都是與談遷秉筆直書的精神分不開的。例如：清朝入關統治全國，十分忌諱其祖先世代臣屬明朝的底細，偏偏談遷在《國榷》中如實記錄下來，特別對萬曆以後的尤詳，剛好塡補了被清朝抹去而形成空白的這段歷史。再如：談遷雖然自稱「江左遺民」，可是對明太祖大殺功臣事直書無隱，記「靖難之變」同情建文帝而指斥明成祖，這與經過三次修改後的《明實錄》形成了鮮明對照。這樣一部「謗書」，無論是清朝還是南明的統治者都是不能見容的。談遷深有慨於此，所謂「嗣更增定，觸事淒咽……終當覆瓿」，擲筆慨嘆之狀，躍然紙上。

在疲勞、鄉思、快慰交織的「余北游倦矣」「余歸計決矣」「余之北游幸哉」一疊連聲中、談遷循去時道路，附他人舟，於順治十三年（西元一六五六年）五月二十三日薄暮時分，回到了海寧縣棗林老家。他在物質生活上，仍和往日一樣貧困；然在精神財富上，已是擁有五百餘萬字的巨著《國榷》，以及《棗林集》、《棗林詩集》、《棗林外索》、《棗林雜俎》、《史論》、《海昌外志》、《北游錄》等累累碩果的大史學家了。現在談遷已臻人書俱老境界，著作等身，年逾花甲，按說，在所謂容膝軒的陋室裡坐下來，以餘年餘熱，將近三年來所蒐集的千百紙史料，化入《國榷》的有機整體之中，也可以安慰自己的心靈了。然而，「烈士暮年，壯心不已。」早在年初從北京束裝歸故里時，他就已在醞釀著下一次更爲壯闊的旅行考察。他雖「名不出里閈，志期五岳，於北游發軔耳！」（《北游錄》朱序）

果然，未出一年，年邁的談遷又風塵僕僕地開始了行程更遠的西遊。黃宗羲說他「走昌平，哭秦陵；西走陽城，欲哭太宰（張愼言），未至而卒。」（〈談君墓表〉）《海寧縣志》說他「丁酉（西元一六五七年）夏，以事至平陽，去平陽城數百里遠處，處士徒步哭張冢宰之墓。卒年六十有四。」又云：「處士操行廉，雖游大人先生之門，不妄取一介，至今家徒四壁立。」他在史學園地上辛勤耕耘一生，給後世留下了珍貴的史學遺產，自己卻雪落黃河悄無聲地離開了人世。

黃宗羲——清代史學的開山祖師

馮天瑜

清代康熙年間設明史館纂修明史。這個囊括天下史才的皇家修史機構每遇重大史學疑案，總裁卻要千里貽書，向一位堅辭史館之任、遠居浙江餘姚的老人求教。《明史·太祖本紀》削去劉基撤韓林兒之座的說法，不隱瞞朱元璋曾奉韓氏爲主的事實；《明史》違《宋史》陳例，不立《道學傳》，卻以《儒林傳》統括之，都是聽取這位老人意見的結果。至於《明史》中《曆志》、《地志》，則或以這位老人著作爲依據，或由這位老人審正而後定。這位名不見於《明史》編纂者行列，卻發揮大作用於《明史》的老人，便是明清之際淵博的學者、啓蒙思想家黃宗羲。

黃宗羲，字太沖，號南雷，又號梨洲，浙江餘姚人，明萬曆三十八年（西元一六一〇年）生於一個書香世家。黃宗羲少時讀書即不守章句，十四歲補諸生。其父黃尊素要求他認眞讀書，曾說：「不可不通知史事，可讀《獻徵錄》。」（全祖望〈神道碑文〉）黃宗羲十九歲前後，自明十三朝實錄上溯二十一史，每日一本，通宵達旦，兩年而畢，打下了紮實的史學根基。

黃宗羲青少年時代，家庭發生重大變故：父親黃尊素作爲東林黨人，於天啓年間彈劾魏忠賢和客氏，被魏忠賢陷害致死。這使黃宗羲痛切感受到明朝封建專制政治的弊端。崇禎帝即位，剪除魏忠賢及其黨羽，黃宗羲入京爲父申冤，以鐵錐殺死仇人。以後，閹黨馬士英、阮大鋮復起，黃宗羲與其他東林子弟奔走呼號，聯名發〈南都防亂揭〉，揭露閹黨餘孽的陰謀，使阮大鋮只得暫斂鋒芒。不久，清兵入關，崇禎自盡，福王在南京登帝位，是爲弘光帝，阮大鋮當權，黃宗羲幾遭其毒手。但弘光政權很快被清軍消滅，黃宗羲由反閹黨轉而投身於抗清鬥爭，曾在四明山結寨自守，後投奔魯王，在舟山羣島一帶與清兵周旋，繼爾又赴日本乞師，未果而返。他的抗清鬥爭可謂歷盡艱險，誠如他本人回憶的：「自北兵南下，懸書購余者二，名捕者一，守圍城者一，以謀反告訐者二三，絕氣沙墠者一晝夜，其他連染羅哨者之所及，無歲無之，可謂瀕於十死者矣。」（《怪說》）

清順治三年（西元一六四六年）六月，魯王政權失敗後，三十六歲的黃宗羲見復明無望，奉母回到故鄉，傾全力於著述。他的政治哲學名著《明夷待訪錄》及一系列學術專著，都成於此後。

黃宗羲青年時代師事明末大學者劉宗周，又承襲東林遺風，砥礪名節，關心時政，主張博古通今，經世致用。這種風格也鮮明地反映在他的史學研究上。康熙六年（西元一六六七年），黃宗羲在浙江恢復劉宗周曾主持過的證人書院。在講學中，他尖銳批評明人的空疏學風，主張「經術所以經世，方不爲迂儒之學，故兼令讀史。」（全祖望〈神道碑文〉）在這種「經世」思想指導下，他的史學研究表現出三方面特色。

首先是力主「知古必先通今」，而通今是爲著致用。這與那些食古不化、明於古而昧於今的治史者大異其趣。出於「通今致用」的治史宗旨，黃宗羲一直致力於明史的修纂，他一位朋友在書信中說：「因知吾老翁兄閉門著述，從事國史，將成一代金石之業。」（李遜之〈與梨洲書〉）爲修明史，黃宗羲輯《明史案》二百四十四卷（此書已佚）；作《行朝錄》六卷，其卷一爲〈隆武紀年〉、〈贛州失事〉、〈超武之立〉、卷二爲〈魯紀年上下篇〉、〈舟山興廢〉、〈日本乞師〉、〈四明山寨〉，卷三爲〈永曆紀年〉，卷四爲〈沙定州之亂〉、〈賜姓始末〉，卷五爲〈江右紀變〉、〈張元箸先生事略〉，卷六爲〈鄭成功傳〉，此書「議論慷慨，音節嗚咽，多可諷誦，往復頓挫，有良史之風」（李慈銘《越縵堂日記》）；作《弘光紀年》一卷；編《明文案》二百十七卷，《明文海》四百八十二卷，《明文授讀》六十二卷。黃宗羲對明史作了深入研究，並開展了浩繁的資料準備工作，成爲清初首屈一指的明史專家。他本人因出於民族氣節，拒絕應詔入京修明史，但他的高足萬斯同成爲明史修纂者中的佼佼者。《明史》作爲正史中體例詳備，資料較豐富、準確的一部，與黃宗羲及其門徒的努力是分不開的。

其次是注意學術文化史的研究和著述。我國古代歷史典籍多以政治，軍事演進爲主要內容，所謂「詳於政事而略於文化。」（梁啓超《中國近三百年學術史》）而黃宗羲一反積習，中晚年傾全力於《明儒學案》和《宋元學案》（後書由其弟子全祖望完成）的編撰。「學案」，也就是學術史，其體制由黃宗羲所創，它較之《史記》、《漢書》中的《儒林傳》，《宋史》的《道學傳》內容遠爲翔實。以《明儒學案》爲例，黃氏的《學案》具有一些明顯的長處，首先，將明代各學派作了有系統的排比，明晰地展現了這個朝代學術的發展脈絡、學派間的師承關係和變異狀況；對每一學派的宗旨，均以最簡潔的語言概括之，並能作出較爲公允恰當的評價；每一學派最有代表性的言論均擇要附載。《明儒學案》以相當有力的材料和論述，證明了這樣一個事實：「《明儒學案》，實不啻王氏（指王陽明）學案也。前夫子王子者，皆王學之先河；後夫子王子者，皆王學之與裔。其並時者，或相發明（如甘泉之類），或相非難（如整庵之類），其中心點則王學也。」（梁啓超《節本明儒學案·例言》）這就大體揭示了明代學術的主流。

還有一點是著力開拓史學的新範圍，搜輯鄉邦文獻，從事典章制度、地理、曆算研究，並開考史之風。黃宗羲很注意地方史地研究，曾撰《四明山志》九卷，《四明山水題考》一卷，《台宕紀游》一卷，《匡廬游錄》二卷，《滇考》一卷，編定《東浙文統》。在典章制度和曆算方面，他著《授曆時故》一卷，《大統曆推法》一卷，《授時曆假如》一卷，《西曆假如》一卷，《回回曆假如》一卷，《歷代甲子考》一卷，《魯監國大統曆》等。

黃宗羲倡導的「通今致用」的治史精神，實事求是的考史風格，薰陶了一代又一代學人，清朝連綿兩百多年的浙東史學，從黃百家、萬斯同、萬斯大、全祖望到章學誠，都與之一脈相承。從一定意義而言，黃宗羲是清代史學的開山祖師，正如顧炎武是清代經學的開啓者一樣。

黃宗羲晚年在家鄉講學、著述，雖足不出鄉里，卻文名滿天下，淸朝曾以博學鴻詞科相延攬，黃氏堅辭；後淸朝又要他參加修纂明史，他仍然拒絕，迫不得已，允其子黃百家和弟子萬斯同應命。當萬斯同應詔北上時，黃宗羲贈詩奉勸萬斯同「不放河汾聲價倒，太平有策莫輕擬」（《南雷詩歷》卷二〈送萬季野北上〉）要萬斯同採取不合作態度，勿向淸廷建太平之策。萬斯同遵循師長囑託，以「布衣史家」爲始終。

康熙三十四年（西元一六九五年）秋，黃宗羲病故，終年八十五。遵其遺囑，子弟以一被一褥裹之，不棺而葬。

顧炎武——經世濟用的史學理論和社會實踐

趙儷生

顧炎武，初名絳，字寧人；後改名炎武。崑山縣千墩鎮人。明萬曆四十一年（西元一六一三年）生。

顧氏自西元三世紀以來，一直是江東大族。顧炎武的高、曾祖輩中，有四人是進士，在晚明朝廷中做過侍郎、御史等官；明亡後他家一次典給鄰人葉家八百畝田地。根據這些情節，他的出身是縉紳地主（或云紳衿地主），可無疑義。他出生以後，家道中落。其繼嗣祖父顧紹芾（讀ㄈㄨ或ㄈㄟ）號蠡源，對他的早年讀書生活，起了很大的指導作用。他教導顧炎武讀政書、兵書，以及一切有用之書。方法是不但要讀，並且要鈔，因爲親手鈔一遍，理解就更深了。還有一種學習方法叫「溫經」，四人坐在一起，背誦經史正文和注，展開討論，一天二百頁。所以，顧炎武自少年起，所接受的培養和自我的培養，一直是十分嚴格的。故其學術根底非常堅實。

他中年以前的好友有歸莊和吳其沆。他們一共四個人，飲飲酒，做做詩，談論談論政治，也參加政治活動，如他十七歲上參加「復社」，三十八歲上參加「逃社」（驚隱詩社）。在科舉方面，雖及早了庠，但連考十餘年不得中舉，遂決意放棄功名一途，專心讀書，搜輯材料，著書立說。這個轉變，發生在他二十七歲上，時當崇禎十二年（西元一六三九年），正是農民戰爭如火如荼之際，滿洲軍事貴族對中原的覬覦也日漸明顯。一句話，從當時士大夫的立場來說，就是「國難日深」。

在他三十二歲上，明朝的北京政權崩潰了。清朝代替了它。但大半個中國，還在幾個明朝的小政權之下。雙方拉鋸的局面，又持續了十七、八年。清兵下江南，這時顧炎武是福王宏光政權下一名兵部的主事，他回到蘇州，參加了蘇州的抗清起義；回到崑山，參加了崑山的抗清起義。前者支持了一天，就失敗了；後者卻支持了二十二、三日之久。當時，他雖不像歸莊那樣在崑山城內參加並指揮戰鬥，但他從城外「聚糧移檄」，組織後勤和部隊的後備工作。在這場戰亂裡，他的生母被砍斷臂膀；他的兩個弟弟被殺；他的嗣母絕食而死；他的妻為戰士縫製軍裝（他曾有「北府曾縫戰士衣」之句）；他的戰友們，除歸莊和楊永言外，都被清兵捉殺了。顧炎武，作為一個讀書人，能夠自覺參加這麼許多戰鬥，是極其難能可貴的。

此後，大約有十一個年頭，顧炎武並未離開江南鄉土，但也不敢在老家久留，而是在南京、太湖、淮陰這樣一個三角板形的地帶中流離轉徙。這一時期，他的行動有些詭密，所以我們缺乏大量的正面資料，有時只好推測。大體說來，這時清朝兵力和南明兵力正在好幾個戰場上（江西、湖南、兩廣、大陸與舟山、台灣之間的海洋上）進行反覆的交綏，勝負一時定不下來，所以他要觀望一番，等候局面漸趨穩定後，再最後確定行止。他在淮陰（包括清江浦和王家營）、南京、太湖一帶做了一些祕密的反清工作。從他的詩文中，可以找到爲數不多，但可作爲確證的材料。與此同時，他的學術專著也在孕育之中，有的接近成熟。如《天下郡國利病書》和《肇域志》的素材，怕是已經帶在行囊之中了；《音學五書》，特別是其中《唐韻正》裡的一些考證，怕也已經做成，留待以後的增補。一面從事祕密活動，一面做學問，而且做得如此精嚴，也是極其難能可貴的。

在四十五歲的後半年，他逾過淮河，前往山東。他離開江南的最明朗的原因，是有仇家在追踪他。但單止這一個原因，是不足以解釋他爲什麼拚著二十五年逗留在北方的。更主導的原因，有待於以後若干後學的考證。在山東，他做了很多調查研究，交了不少朋友。正如在清江浦，他結交了萬壽祺（年少）、王略（起田）和張弨（力呂），在洞庭東山他結交了路安卿①一樣，他在山東也結交了張爾岐（稷若）、馬驌（宛斯）等一大批學術界朋友，給與他們一些影響，並且反轉過來，也從他們那裡接受一些影響。這樣，大家的學問和節操方面，在切磋中得到提高。

在到山西去之前，他曾在今天津以北、遼河以西的一個矩形地區裡，進行過調查，這件事值得留意。矩形的四個角是，北京、獨石口、山海關和明初的原大寧衛。在這個地區裡，有濡（□

ㄨ）水，即今灤河；有長城的最東一段。歷史上叫做營州和平州，有時也叫「燕」。我們讀《天下郡國利病書》時，就會感覺到顧炎武在這一帶的調查頗有收穫，並且其中寓有甚深的兵防意義。離開營平二州，他經過昌平，對十三陵做了過細的調查，此後就經常到十三陵來拜謁，表示對朱明故國的追思。此後，在一度返回江南之後，在他五十至五十二歲時候，他開闢了新的調查地域——山（西）陝（西），進行了新的朋友結交。其中最重要者，有太原的傅山（青主），陝西富平的李因篤（天生），和華陰的王弘撰（山史）。周至的李顒（ㄩㄥ）（二曲），也是經常在學問和修養節操方面互相砥礪的朋友之一。在這些年份裡，他在山西、陝西、河北、山東等處，往返地旅行著，調查著。例如他在雁門，登上了夏屋、勾注、廣武等山頭，觀看了一個「人」字形的山脊，體會到遼、宋爲了這片山地往返爭持的道理之所在。旅行中，他有幾個落腳點，那就是山東的章丘和德州，河北的曲周，山西的太原和祁縣，陝西的富平和華陰。在華陰，他甚至準備晚年定居並老死在這裡。特別在他五十六歲在濟南因文字獄牽連蹲了半年多監獄之後，他對當時山東上層社會「劫殺、逋稅、訐告」的風俗深有感受，遂決然賣去章丘大桑家莊的一千畝土地，將經常的居停地轉移到西北來，他說西北的風氣「慕經學、重儒士、持清議」，社會關係中的緊怯程度比較鬆弛些。

但在他晚年，在他六十一歲的冬天，以吳三桂爲首的「三藩起事」爆發了。這是清政權全部鞏固以前所遭受到的最後、也是最大一次的震動。在八年之中，整個中國，幾乎分裂成兩半個。很多知識分子，如屈大均、顧祖禹等，都跑到「三藩」那邊去了。顧炎武在北方，他比較穩重些，他一方面堅決拒絕清朝「博學宏辭」的誘降，一面也還在進行一些隱密的活動。在逝世前的五個月，也許他敏感到西北的靖逆將軍、靖逆侯張勇和他的兒子張雲翼（又南）可能會有什麼對他不利擧措吧，他抱病奔到晋南的曲沃，在那裡死去了，終年七十歲，時在康熙二十一年（西元一六八二年）。學者稱他爲亭林先生。

他晚年的生活，比起當初渡江逾淮的時候，稍稍富裕了一些。大體說，他有四匹騾馬，三個僕從，一個嗣子（顧衍生）相跟隨。在山東章丘，他典進過十頃土地，年可收租一百六十兩銀子。賣掉後，他曾在山西祁縣設立過一個書堂，有過一個妾和伴隨。在華陰，他也買過五十畝地，一所住房。因此，章太炎說，顧炎武曾得過李自成自北京出來在山陝沿途丢下的金銀，可是關此一事一直缺乏確切的證明材料。

顧炎武是我國十七世紀講求「經世濟用」的一位愛國的大學者，也是考據派史學的開拓人，大學者，一生著作很多，其中的代表作有三種，一是《音學五書》，二是《日知錄》，三是《天下郡國利病書》。

《音學五書》是一部講古今聲韻衍變的學術專著。書由五個部分構成：《詩本音》和《易音》是從《詩三百篇》和《易》中篩羅上古韻語中的音讀。《唐韻正》是《五書》的中堅部分，在這部書裡，他把唐人音讀之不同於三代者一一列出，不惜擧出幾百條材料來論證某字古讀與今讀間的差異，顯示出顧氏的功力很深、很大。然後，他在上述三書的感性基礎上，向理性概括前進，寫了總論式的《音論》和供索引參考用的《古音表》。最後，他總括起來，推廣下去。在給李因篤的一封信中他寫道，「愚以爲讀九經自考文始，考文自知音始」。寥寥十六個字，開啓了清代學術的蹊徑，從此，人們把音韻學和文字學（字形學）結合在一起，對古代文獻有了若干新的參悟，新的見解。這種開闢的功勞，是不能不歸功於顧炎武的。

《日知錄》是顧氏終生經營的一部綜合性文史巨著。在他五十八歲上，曾有過一種八卷的初刻本；在他死後十三年，他的弟子潘耒（次耕）才在福建刻成了現在通行的三十二卷本。當時，懼怕文字獄，曾有不少刪字、刪句、甚至整段的刪除。黃侃（季剛）《日知錄校記》中對此有充分的表露。以現行三十二卷本而言，包括讀書箚記式的條文一〇一三條，每條字數少者九個字，多者五千餘字。書的內容，《四庫提要》做了十餘項的分類，潘耒做了八項分類，顧氏自己做了三項分類，曰一經術，二治道，三博聞。作者自己還說，這些箚記條文，不是買舊錢充鑄，而是採山之銅；也就是說，不是隨便掇拾而來，而是從原始材料庫中爬梳、剔羅、凝煉出來的。書中涉及的方面極多，有關於唯心、唯物、朱學和王學等哲學和哲學史的問題；有關於上古史上氏族遷徙和原始民主遺存等問題；有關於歷史地理的若干訂正；有政治體制衍變史的內容；有文學（詩文）評論；等等。但其中最重點的內容，則是顧氏結合晚明衰亡的歷史，企圖從歷史中尋找經驗和教訓，探討專制主義的罪惡，以及中央集權和地方分權的利弊，「法治」與「人治」的利弊。總之，在《日知錄》中，到處都滲透著「經世濟用」的這股總精神。

《天下郡國利病書》，是一部資料匯編，以各個省區爲綱目，從他二十七歲起在蘇州地區所可能讀到的府、州、縣志以及人們的私人專集中，抄出有用的東西。張元濟（菊生）說，其內容主要有三，一曰兵防，二曰賦役，三曰水利而已。張氏這種概括很中肯。對「兵防」，顧氏非常留意，在他的《文集》中，他又曾另寫成〈軍制論〉和〈形勢論〉，這兩篇文章，就是他平生留意「兵防」的心得，其中講到「以南取北」、「以南伐北」等戰略觀點，與當時明、淸拉鋸形勢，絲絲相扣，看得出顧炎武絕不是一個「俗儒」。關於「賦役」，他則以「一條鞭法」執行過程中各地方不同的反映爲綱，羅列出若干有用的材料，使人們看到一些明智的官吏如何想方設法使若干社會勞動力從國家超經濟强制的鎖鍊中「鬆綁」下來，成爲社會上生產力前進路途中可以使用的一種力量。當然，材料中也反映封建地主及其代理人對這種「改革」的紛紛抵制。總之，《天下郡國利病書》是一部有關明代社會經濟史極其有用的資料書、參考書，倘若拿它與《明實錄》和《明經世文編》綜合利用起來的話，那麼，對於研治《明史》是會大大地有濟於事的。

在三部代表作之外，顧氏的其他著作爲數繁多，有的有刻本，有的僅有抄本，有的僅有目而無書了。張穆在他的《顧亭林年譜》書尾寫了一個「著書之可考者」的目錄，近人王蘧常在他的《顧詩匯注》書尾也附了一個「亭林著作目錄」。更精確的目錄，還有待於後學的考求。大體，顧氏死後，遺稿帶往北京，歸他的大外甥徐乾學保存，據徐焯（義門）記載，徐乾學對遺稿並不經心，遂有相當部分的遺失。最後，有關顧炎武的平生事跡，後人系爲年譜者，爲數不在少。其嗣子衍生自相隨時起，即順手條列耳聞目睹諸事，成一系年，人稱「原譜」（又叫「元譜」）。嘉（慶）道（光）之際，吳映奎據「原譜」寫成一譜，由車守謙重纂，人稱「車譜」。與此同時，張穆得到何紹基所搜輯顧氏若干手札，補充進去，人稱「張譜」。光緒年間，吳映奎本經潘道根批校刻書，人稱「吳譜」。此外，徐嘉、王遽常均有詩作紀年的「詩譜」。以上種種，均可供參考。諸譜之中，以「張譜」名聲最著，流用最廣。但經個人數十年來使用過程中感到，「張譜」中紕漏之處，亦正復不少，則有待於後人的大力訂正。

①路安卿是路振飛的兒子。但究係其長子澤溥，抑係其三子澤濃，學術界一直各持一說，如陳寅恪、王蘧常即各不同。

王夫之——深邃的歷史評論家

馮天瑜

清朝初年，在湖南衡陽金蘭鄉石船山麓，隱居著一位淵博的思想家、深邃的歷史評論家，後人推崇他的學問和爲人，尊敬地稱他爲「船山先生」，他就是明清之際的著名學者王夫之。

王夫之，字而農，號姜齋。明神宗萬曆四十七年（西元一六一九年），他誕生於衡州府（今湖南衡陽市）回雁峯下王衙坪一個已趨衰落的士人家庭。這一年，是明皇朝歷史上的一個重要轉折點——東北興起的女眞人首領努爾哈赤於萬曆四十四年（西元一六一六年）建立後金政權以來，力量迅速發展。到王夫之出生這一年，後金與明朝在薩爾滸大戰，明軍慘敗。自此，後金（西元一六三六年更國號爲「清」）對明朝採取攻勢，明朝處於內外交困境地，國運如江河日下。王夫之青少年時代雖家居江南，但也逐漸感受到這種「海徙山移」的大變局。他十四歲考中秀才，名噪鄉里。崇禎十五年（西元一六四二年），他二十三歲時，與長兄介之赴武昌應鄉試，奪《春秋》經魁，中式第五名舉人。兄弟二人正擬取道南昌赴北京等候會試，恰逢李自成農民起義軍攻克洛陽、包圍開封，明廷朝野震動，會試延期，王夫之兄弟只好從南昌折回家鄉。不料這次到武昌鄉試，就成了王夫之一生北上的極限。

崇禎十六年（西元一六四三年），另一支農民軍張獻忠部占領衡州。張獻忠慕王夫之兄弟之名，欲延攬任事，王夫之不惜自殘拒絕與農民軍合作。崇禎十七年（西元一六四四年），李自成攻克北京，崇禎帝自縊煤山。王夫之聞訊，痛心疾首，作《悲憤詩》一百韻。所有這些，顯示了一個恪守封建綱常的士子的立場。就在李闖王進京之後不久，淸軍入關，隨即揮師南下，民族鬥爭迅速上升爲主要矛盾。堅持「夷夏之大防」的王夫之積極投入江南地區的抗淸鬥爭。他以一個書生，會見南明湖北巡撫章曠，「指畫兵食」，並力主調解諸將一致對敵。爲響應何騰蛟收復衡州，王夫之發動衡山起義，兵敗後，於順治五年（永曆二年，西元一六四八年）往廣東肇慶投奔永曆政權。懷著一腔報國熱血的王夫之很快發現，這個南明小朝廷全然因襲了明朝中後期的種種痼疾，黨爭劇烈，閹宦當道。王夫之在永曆政權中擔任行人司「行人」這一閑職，但他仍積極任事，曾三次上疏參劾「吳黨」頭目王化澄等「結奸誤國」。王化澄及其黨羽竟以「謀反」罪名誣陷王夫之，幸賴李自成餘部、忠貞營統帥高必正營救，方得脫險。王夫之見「既三諫不聽，諫道窮矣」（《章靈賦·注》），遂絕望於南明小朝廷，於順治七年（永曆四年，西元一六五〇年）稱病辭職，脫離永曆政權，回到家鄉湖南。然而，王夫之仍對在西南堅持抗清鬥爭的南明殘部深寄關注。在此後四十餘年中，他一直避居湖南。其間，爲拒絕清廷的「剃髮令」，曾進入湘南山區，與徭人共栖，後回到衡州，又有數次小範圍的遷居。

順治十四年（西元一六五七年），清廷宣布「大赦天下」，標志著這個新皇朝的統治已大體穩固。王夫之目睹反清武裝鬥爭的烽火漸次熄滅，遂「決計林泉」，「力疾而纂注」（王敔《姜齋公行述》），以筆墨作武器，從思想上總結明皇朝敗亡的教訓，雖飢寒交迫，生死當前，亦研讀、著述不輟。他一生的主要著作幾乎都撰寫於這三、四十年間。康熙元年（西元一六六二年），永曆帝被吳三桂殺害於昆明，繼而李定國在雲南勐臘「憤恚嘔血卒」（《永曆實錄、李定國列傳》）。這些消息傳來，王夫之在悲憤之餘立志修一部反映永曆政權抗清鬥爭的歷史。經過十餘年醞釀準備，王夫之於康熙十二年（西元一六七三年）撰寫出一部那時的「當代史」——《永曆實錄》。

《永曆實錄》以相當完備的體例，記述了永曆政權的始末，它的價值在於：第一，對永曆政權失敗的內在原因有所披露，如吳黨與楚黨的彼此傾軋，以及「舊閹老猾」爲永曆帝所「倚任」（《永曆實錄》卷二五，〈宦者列傳〉）的種種情形，均有詳細記載。第二，爲李過、高必正、李定國、李來亨等聯明抗清的農民軍將領作傳，肯定他們的抗清業績，如在《永曆實錄・李來亨列傳》中，記述李來亨及其部屬英勇犧牲的細節，並認爲此後「中原無寸土一民爲明者。」可見，王夫之是把李來亨作爲漢民族政權的最後一個代表來加以歌頌的。

王夫之六十九歲（康熙二十六年，西元一六八七年）開始動筆，七十三歲（康熙三十年，西元一六九一年）完稿的《讀通鑑論》和《宋論》，是他最重要的史論專著。這兩部品評「上下古今興亡得失之故，制作輕重之原」的歷史哲學，以思想的精深博大，在中國史學史上放出異采。

在《讀通鑑論》、《宋論》，以及其他論著中，王夫之以「伸斧鉞於定論」（《讀通鑑論》卷五）批判精神，評析種種「妖妄而不經」的史論舊說。他指出，流傳兩千年的鄒衍的「五德終始說」，「大抵皆方士之言，非君子之所齒也。」（《讀通鑑論》卷一六）而董仲舒的「三統循環論」，更把神秘主義的命定論加以理論化，認爲更改曆法、變易服色，正是「三統」（黑統、白統、赤統）遞嬗交替的標誌，透露出「王者承天之精意」。而王夫之在《讀通鑑論》卷一九中對「改正朔，易服色」這一時代更替之際發生的變遷，作了全新的解釋。他認爲更改曆法並不說明前朝不可沿襲，只是因爲隨著時間的推移，再精密的曆法也會發生差錯，必須加以釐正；各朝車馬服飾色彩的變化，不過是由於時代進步，物質條件完善化，人們的審美要求有了變異而已。這就戳穿了神妙的「天意」，將歷史現象給予理性的詮釋。對於「五行災異說」，以及三國開始流行的「正統說」，唐宋盛行的「復古論」，邵雍以《周易》六十四卦說明社會治亂的「元會運世說」，朱熹的三代天理、後世人欲的「劃運說」，王夫之也都一一加以評判，從「事理」和「史實」兩方面，揭露這些播揚久遠的謬說的蒙昧主義本質，顯示了「破先儒之說」（《周易內傳·發例》）的勇氣。

王夫之在抨擊淵源深長的「復古論」時，正面闡揚了自己的進化歷史觀。他指出，「新故相資，而新其故」（《周易外傳》卷五）既是自然界的規律，也是人類社會的規律。他否定了自先秦儒家以來流行的王霸分期說，而代之以由動物到人類，由野蠻到文明的歷史進化論。他根據古代傳說和自己對湘南少數民族的實地考查，批駁了「羲皇盛世說」，他指出：「故吾所知者，中國之天下，軒轅以前，其猶夷狄乎！太昊以上，其猶禽獸乎！」（《思問錄．外篇》）並且明白地提出了人類起源於「植立之獸」的假說。這在盛行祖先崇拜的中國，是一種大膽的創識。對於兩千多年來流行的「三代盛世說」，王夫之雖然時有因襲，但更主要的是洗滌了塗抹在「三代」之上的玫瑰色。他說：夏商周三代，「國小而君多」，當時的君王，「無異於今川廣之土司，吸齕其部民，使鵠面鳩形，衣百結而食草木」（《讀通鑑論》卷二〇）。王夫之還具體剖析了各種社會制度的進化歷程，證明「以古之制，治古之天下，而未可概之今日者……，以今之宜治今之天下，而非可必之後日者。」（同上）如在政治制度上，有一個由部落制到封建制，又由封建制到郡縣制的發展過程；在田賦制度上，有一個由三代的「什一之賦」到漢以後的「三十而稅一」的進化；在軍事制度上，則從古時寓兵於農變爲後世的兵農相分，顯示了人類社會分工的進步；在刑罰制度上，歷經了古代的「肉刑」向近世的「笞刑」的演化。王夫之充分肯定了這些歷史的進步，而堅決反對倒退復古，他明確指出：封建「不可復」，「肉刑」不可再，（《讀通鑑論》卷二），「職田者，三代以下必不可行之法」（《讀通鑑論》卷一九），兵農合一制「勢在必革」、文武合一制「不能行於三代以下」（《讀通鑑論》卷一五。）

作爲一個「其學無所不窺」的淵博哲人，王夫之還致力於史學理論體系的構築「勢、理、天合一」的歷史觀，便是他在這方面的貢獻。

所謂「勢」，指歷史發展的態勢、趨勢、情勢。王夫之繼承前人關於「勢」的思想，又加以發揮。他針對宋儒的「心術決定論」，指出在人的「心術」後面，還有更深沉、更強大的力量左右著歷史的進程，這便是人的主觀意志所無法改變的、一發不可收的「勢」。他對「勢」下的定義：「一動而不可止者，勢也」（《讀通鑑論》卷一五）就是這個意思。他指出，秦始皇本是「以私天下之心」廢除封建制、推行郡縣制的，但由於這種作法符合歷史趨勢，所以二千年來相沿不改（見《讀通鑑論》卷一）。以後，有些皇朝的統治者又想恢復封建制，結果都碰得頭破血流，王夫之總結說：「夫封建之不可復，勢也。」（同上，卷二）他還反對孤立地看待某一人某一事，而主張將人和事擇進特定的時代環境、特定的社會形勢中加以考查。如漢武帝在七國之亂業已平定之際，派主父偃單車赴齊國任相，齊王畏罪自殺，王夫之指出，這不是主父偃個人的威力，乃是他「以乘時而有功。因此而知封建之必革而不可復也，勢已積而俟之一朝也。」（同上，卷三）

王夫之不僅致力於探討歷史變化的趨勢，還努力窮究這種趨勢中包蘊的規律，這就是所謂的「理」。他認爲，在生、死、治、亂、存、亡之中都有「理」可循：「生有生之理，死有死之理，治有治之理，亂有亂之理，存有存之理，亡有亡之理。」（《讀四書大全說》卷二四）他指出，「勢」的必然就是「理」：「理者，勢之順而已矣。」（《宋論》卷七）同時，理又是勢造成的，如封建制原來有其存在的「理」，後因時勢變遷，封建制就不合理了，此時只有郡縣制才合理，這便是「勢相激而理隨以易」（《讀通鑑論》卷一）。

王夫之窮究歷史規律的思辨鋒芒，沒有止於「理」，他還進一步追求著「勢」與「理」的本源。但他不是從歷史自身去追溯這個本源，而是將其歸結於「天」：「勢字精微，理字廣大，合而名之曰天」（《讀四書大全說》卷九）秦始皇推行郡縣制，本是出於建立「萬世一系」的秦皇朝的私心，但「天」卻藉助這一舉動，推行其「大一統」的規律：「秦以私天下之心而罷侯置守，而天假其私以行其大公，存乎神者之不測，有如是夫！」（《讀通鑑論》卷一）王夫之雖然反對農民起義，但他認識到，農民暴動是「官逼民反」的結果，而且農民戰爭是推翻舊皇朝、建立新皇朝的力量，而「天」對這種趨勢起支配作用：「陳涉吳廣敗死而後胡亥亡」，「楊玄感敗死而後楊廣亡；徐壽輝、韓山童敗死而蒙古亡」，這正是「天將亡秦、隋、蒙古而適承其動機也。」（同上，卷五）

王夫之「勢、理、天合一」歷史觀的傑出之處在於，他力圖從人的精神動力後面，追溯歷史發展更深一層的動因。但他同其他舊唯物論者一樣，不能從社會經濟生活和人們的階級關係中尋求歷史進程的根本力量。儘管如此，王夫之的歷史哲學畢竟達到了中國古代史學的高峯。

就在王夫之的史論巨著《讀通鑑論》和《宋論》殺青的第二年——康熙三十一年（西元一六九二年），這位情懷熾烈的愛國者、深刻的哲人和不倦的史論大師溘然長逝，終年七十四歲。

王夫之一生治經、說子、論政、評史，涉足寬廣，著述宏富，在許多領域都有卓越的建樹。但是，他的著述生前很少刊行，辭世後，其子王敔刻印十餘種，但流傳不廣，《四庫全書》收錄甚少。同治四年（西元一八六五年），曾國藩、曾國荃在南京刻印《船山遺書》，收錄王氏著作七十七種，實刻六十六種，共二百八十八卷（即「金陵刻本」）王夫之著作方爲世人所知，清末民初發生重大影響。西元一九三三年，上海太平洋書店在曾氏兄弟刻本基礎上，增添十二種，是行世的較完整的王夫之遺著集。

谷應泰——山水・書院・本末新篇

童恩翼

清朝順治後期，風景秀美的杭州湖山之巔，新構了一座書院式的別墅，別墅門首，懸一匾額，榜書「谷霖蒼著書處」六個大字。這位谷霖蒼爲何許人？他在此著什麼書？

對於明代歷史感興趣的人，大概沒有不知道《明史紀事本末》這部書的。這書著者谷應泰，字賡虞，別號霖蒼，直隸豐潤（今河北省豐潤縣）人，生於明萬曆四十八年（西元一六二〇年）。《豐潤谷氏六修族譜》說他「狀貌奇偉，博文强記」，早在縣學念書時，便已顯示出了過人的才智與記憶力。他二十歲便鄉試中舉，二十七歲已是進士及第。在科舉時代，科場的得志與仕途上的順坦是相聯繫的。清順治四年（西元一六四七年）谷氏中進士後，先後任過戶部主事、員外郎等京官，順治十三年（西元一六五六年），外補提督浙江學政僉事。浙江自唐宋以降，便是人文薈萃之地，而提督浙江學政僉事（簡稱「學政」），又是主管全省文教的長官，到這裏來任此職，對於谷氏來說，可算是稱心如意的。谷氏在浙江考選士子，不徇私情，唯才是取，「所拔前茅，皆一時知名士」（前引《族譜》），爲新建的清皇朝輸送了不少後來官居要職的能幹官員。作爲一個學者，谷氏居官不忘治學。他公務之暇，延攬了一批史學人才，從事著述，他個人的詩文，匯輯爲《築益堂集》。但是，在「谷霖蒼著書處」中所產生的最重要成果，則爲《明史紀事本末》一書。

這是一部記述上自元至正十二年（西元一三五二年）朱元璋起兵濠梁，下迄明崇禎十七年（西元一六四四年）李自成攻克北京，有明一代二百九十二年間歷史的紀事本末體史書。著者將其所認爲重要的史事，列成八十個專題，每題一卷，計八十卷，記述這些事件的始末經過。每卷之後，均有一篇「谷應泰曰」的史論，表述自己的看法。谷氏是明清之際的人，在這改朝換代「華夷變態」的大時代裡，漢族士大夫中，遁跡山林者有之，漏夜趕科場亦有之，而他正是屬於後者。他是在清兵入關之後未久便進士登第並進而步入仕途的，在他的思想中，有報效新朝之心，而無故國之思。清武英殿大學士兼兵部尚書大官僚傅以漸在爲《明史紀事本末》所寫的序言中說：「前事不忘，後事之師。一代興衰之緒，實志古者考鏡得失之林。」谷氏的自序說得更明白，他說：古代商湯的臣子以夏朝作鑑進行規勸，周朝的臣子以殷商爲戒進行諷諫。今大清皇朝新造，爲了永葆强盛，需要以明朝興亡成敗得失之際做爲一面鏡子。因此，我兢兢業業、夜以繼日地廣搜博採史料，編寫成此書。這與唐張九齡著《千秋金鑑錄》、宋眞德秀作《大學衍義》相比，才智雖然不及，而爲朝廷竭盡愚忠之心，卻是一樣的。傳以漸與谷應泰的這些話，淸楚地表明了谷氏的政治立場與著史的目的，這與同時代的明朝遺民談遷之作《國榷》、萬斯同之修《明史》，是大異其趣的。

由於谷氏是以淸朝官吏的身份，爲著本朝統治的長治久安提供經驗教訓而修史，所以該書對於明淸之間的關係盡量閃避，對於當時不絕如縷的南明弘光、隆武、永曆三朝史事，更是閉口不提，而對於明末農民大起義，特別是李自成的起義，則分列多條，詳加敍述，大肆詆毀。這一略一詳、一避一毀之間，作爲一個史學家，分明是在曲筆阿主，爲淸朝的「明亡於流賊而非亡於淸」，「大淸入關乃剿賊以承明統」的政治宣傳張目，這是毋庸爲谷氏諱的。然而，史家的主觀意圖有時卻引出了相反的客觀效果，由於敍述明代農民起義，特別是明末農民起義的專題較多且較詳，這就不能不暴露許多統治階級殘酷剝削與被壓迫者奮起抗爭的歷史眞象，從而爲後人研究這方面的史事提供了較豐富的史料。至於該書其他的史實上的缺略，如記建文帝結局，則深信野史傳聞爲實，對鄭和下西洋這件大事，隻字未曾提及，用自然現象附會人事休咎的迷信說教，時時有所流露，等等，都反映了谷氏史識上的不高明處，這比之同時代的思想家和史學家如黃宗羲，王夫之、顧炎武等，是大爲遜色的。

然則，谷氏在史學上的貢獻主要何在呢？

我們知道，紀事本末體裁，係創自南宋袁樞的《通鑑紀事本末》。這是不同於年經事緯的編年體、以人物爲主的紀傳體，而是以歷史事件爲中心的史書體裁。由於欲知事件的全過程，讀紀事本末體史書最爲清晰便捷，所以此體一出，後之作者歷代連綿不斷，以致今日我們可以連綴成一個從上古到清末的紀事本末體史書的完整系統。但是，包括袁樞的書在內，絕大部分的紀事本末體史書，都是抄撮前人的編年體或紀傳體史書內容，然後以事爲綱重新編次成書，其史料價值一般是不高的。谷應泰的《明史紀事本末》則不然，它比官修的《明史》成書要早八十多年，是由明入清人寫有明一代歷史，所以取材豐富，聞見眞切，如記崇禎朝的歷史事件，便大量採用了邸報材料，這些當年編書時所取資的史料，隨著年遠世久逐漸亡佚，所以本書的價値便更見其重要了。《明史紀事本末》的史料原始性之高，是其他同類體裁史書所望塵莫及的。

從史書編纂來看，谷氏的成就也是高的。誠如《四庫全書總目提要》所稱：「其排比纂次，詳略得中，首尾秩然，於一代事實，極爲淹貫」，是「集衆長以成完本」。

再從內容來看，該書對永樂間設立三衞、五征漠北，以及明代中期沿海「倭亂」、議復河套等事件，記載都較《明史》爲詳，內容亦有出入；對明代宦官閹黨的專權，也有較詳的記述；對明末農民起義的記載，更可和許多晚明史籍互相參證，以見全貌。《明史紀事本末》既是一部了解明代歷史的入門之書，也是一部研究明史者手頭不可或缺的重要著作。

關於《明史紀事本末》的成書經過，在清代說法紛紜，莫衷一是。概而言之，一爲冒竊他人成稿說，一爲請人代作說。從現有資料看，此兩說均不爲無因，但皆失之偏頗。谷氏是順治十三年

（西元一六五六年）任浙江學政的，《明史紀事本末》在順治十五年（西元一六五八年）即已編成刊行，在短短年把時間內獨立完成如此大的一部史著（何況還是「公務之暇」），是完全不可能的。事實上是谷氏以學政之尊領袖風流，主持其事，聘請了陸圻、徐倬、張子坛等浙中名士分頭進行編寫，並且徵集了一批明遺民的著述作爲材料的取資，至於增刪筆削，是非予奪，則由自己總其成。「谷霖蒼著書處」中的這種著書情況，與司馬光設史局修《資治通鑑》的辦法頗爲類似，這種成於衆手而定於一人的修史辦法，在中國史學史上自唐宋以後是代不乏例的。

谷應泰卒於康熙二十九年（西元一六九〇年）。作爲清朝官僚的谷應泰，早已湮滅於歷史的長河中了；而作爲史學家的谷應泰，卻以其史著的貢獻而立於我國古代史家之林。

馬驌——從「左傳癖」到「馬三代」

陳其泰

馬驌是清初的史學家，一生獨力完成了兩部有價值的史書，至今仍爲研究先秦史的學者所重視。

馬驌字驄御，一字宛斯，明天啓元年（西元一六二一年）生於山東鄒平。少年喪父，家境貧苦，他事母至孝，聞名當地。他從小刻苦讀書，「穎敏强記，於書無不精研」。自稱有「《左傳》癖」，青年時期居住家鄉，即編撰成《左傳事緯》。這部書編撰的原因是，馬驌認爲《左傳》一書成就雖高，但由於受到編年體裁的限制，不便於學者對史書的來龍去脈「一覽即解」。於是他「易編年爲敍事」，利用《左傳》的原文重新編排，成爲紀事本末體的史書。他按事立篇，分爲一百零八篇，共計十二卷。又有「附錄」八卷，包括左丘明小傳、左傳釋例、圖表、覽左隨筆、名氏譜等。馬驌的改編實際上是一種再創造，所以在清代即獲得很高評價。《四庫全書總目提要》稱其「於左氏能融會貫通，故所論具有條理，其圖表亦皆考訂精詳」，堪稱「專門之學」。

這部書的產生，一是對確立紀事本末體這一新體裁起到張大旗幟的作用。自南宋袁樞創造此體後，這種以事件為中心敍述歷史的形式立即顯示出其特有的優點，有利於將複雜事件的前因後果敍述清楚，因而受到重視，新作繼出。馬驌的書，上承宋袁樞《通鑑紀事本末》、章沖《春秋左氏傳事類始末》、明陳邦瞻《宋史紀事本末》和《元史紀事本末》諸作，下啓高士奇《左傳紀事本末》等書，有助於紀事本末體取得傳統史學中紀傳、編年以外又一重要史書體裁的地位。二是《左傳事緯》在分篇和敍事上，顯示出馬驌具有提挈一個時期重大事件的史識。將它跟章沖《春秋左氏傳事類始末》對比一下就很清楚。章沖的書在首創用按事立篇的方法改編《左傳》這一點上作出貢獻，但其嚴重缺點是分篇立目過於細碎，難以反映歷史演進的大勢。而《左傳事緯》則在這方面有很大改進，彌補了章書的缺陷。例如：對於晉文公建立霸業這一完整過程，在章沖書中分割為三篇敍述，且有的史事發生時間前後顛倒，無法顯示出歷史發展的大勢。馬驌則能從大處著眼，他用「晉文建霸」為題，記載了從重耳出亡到城濮戰後楚向晉請和、晉文公建立霸業的全部過程，史實完整連貫，清楚地反映出歷史演進的主線。這類例子書中還有許多。三是馬驌並非簡單地沿用紀事本末體裁，而是加進了新東西，用圖表、名氏譜相配合，這種吸收其他史書體裁之長以補單純按事立篇之短的做法，已顯示出他後來綜合運用多種體裁的端倪。青年時期的馬驌以這部書表明：無論在歷史演進的理解上，以及在史書體裁的運用上，他都具有獨到的見識。

以後，馬驌的治史工作繼續推進，從時間上說，由春秋時期擴展到整個上古史，即夏、商、周三代；從材料上，由《左傳》一書擴展到經、史、諸子。這項工作，就是他以畢生精力灌注而成的《繹史》。這部書，在順治十五年（西元一六五八年）已基本完成。此年，著名學者顧炎武遊歷山東來到鄒平，他與馬驌一見如故，晤談極歡，當即訂交，並同到郊外訪求前代碑刻。顧炎武讀了已經基本完成的《繹史》，讚嘆說：「必傳之作也。」

次年，馬驌考中進士，時年三十九歲。這時他的文才已經享有聲望。因此，在未獲得正式行政官職之前就任了順天鄉試同考官。隨即分派爲江蘇淮安府推官，負責勘問刑獄，有記載說他在推官任內「多所平反」。其後，清廷裁去推官這一職務，馬驌於康熙八年（西元一六六九年）改任安徽靈壁知縣。這裏是歷史上有名的窮地方，連年災荒，民不聊生，四散流亡。馬驌任知縣後，對於賑救災荒、恢復生產採取了有效的措施。《鄒平縣志》、《同朝先正事略》的傳略中講他：

蠲荒除弊，均里甲，歲省民力無算，流民復業者數千家。

自中進士至任靈壁知縣十多年中，馬驌對《繹史》一書繼續作補充修訂，至此定稿，並在知縣任上開始刊刻。全書卷帙甚巨，共一百六十卷。分爲五部：一爲「太古部」，十卷，述遠古傳說時代；二爲「三代部」，二十卷，記夏、商、西周史事；三爲「春秋部」，七十卷，記春秋時期史事；四爲「戰國部」，五十卷，記三家分晉至秦亡。以上均按事件始末或人物活動分篇記載，是全書主體部分。最後爲「外錄」，十卷，有天官書、地理志、食貨志、考工記、名物訓詁，古今人表等，補充前面四部記載的不足。全書之前還有世系圖和年表，也是與正文配合。

清初著名文人李清曾評論《繹史》有四個特點：「體制之別創」，「譜牒之咸具」，「記述之靡舛」「論次之最核」。前兩項所談是很有見地的。《繹史》在內容上、材料上和體制上都有突出的成就。

在內容上，《繹史》既重記事，又重記人，既詳載治亂興衰，又詳載諸子學說，反映了社會生活比較廣闊的內容。馬驌自述其著作主旨說：「紀事則詳其顚末，紀人則備其始終。……君臣之跡，理亂之由，名法儒墨之殊途，縱橫分合之異勢，瞭然具焉。」（《繹史·徵言》）可見他是有意做到記人與記事並重的。書中有大量篇目是記載治亂興衰事件的，多能挈舉一個時期的大事，如「商湯滅夏」、「武王克殷」、「宣王中興」、「齊桓公霸業」、「晉文公霸業」等。同時書中又有相當數量的用以記載人物活動和諸子學說的篇目，如「老子道教」、「孔子類記」、「孔門弟子言行」、「楊朱墨翟之言」、「子思、孟子言行」、「荀子著書」、「韓非刑名之學」等。這些人物和他們的學說，正是先秦史不可缺少的重要內容。還有的篇目則記事兼記人，如「齊桓公霸業」一節，其中還有管仲事功、管仲對問等內容。

記事、記人之外，《繹史》還記載了典章制度方面的內容，如「周官之制」、「周禮之制」、「春秋雜記」等篇，以及「外錄」中天文地理等項記載。這樣，它的內容比起以前一些上古史著作如《皇王大紀》、《路史》、《通鑑前編》等，確實要豐富得多。

在材料上，《繹史》匯集了各方面的記載，爲研究先秦史提供了極大的方便。馬驌打破了長期封建社會中把儒家經典神聖化的束縛，在史料上把經、史、諸子平等看待，用它們互相印證。西周末年史料缺乏，馬驌就用《詩經》中「變風」諸篇作爲重要材料，他說：「列國之事，其在春秋甚詳，而幽，平以前略不多見。……秦、晉、衛、齊、鄭、陳之詩於變風，不可闕也，故頗採輯於篇。」（《繹史》卷二八〈列國傳世〉）這對後人研究西周末年史事是很有啓發的。此書在材料抉擇上有不夠精審的缺點，但有的地方作者仍下功夫作了考訂。例如：卷八十六〈孔子類記〉引錄了《左傳》昭公七年「孟僖子病不能相禮」這段記載，並加考證，指出《史記》誤將後來孟懿子師事仲尼的事也繫於此年，「是其疏也」。這段考證比司馬貞《史記索隱》所說更爲清楚，更比梁玉繩、崔述所考要早得多。這篇〈孔子類記〉以〈孔子世家〉爲線索，匯集了《左傳》、《公羊傳》、《穀梁傳》、《國語》、《禮記》等大量材料，有許多是分散不被人注意的，將它們匯於一篇，甚便研究者參考採擇。

在體裁上，《繹史》熔合了多種史書體裁，創造了新的綜合的史書體制。這是《繹史》最突出的成就。

馬驌曾說《繹史》是由《左傳事緯》「推而廣之」而成，因此書中首先具有濃厚的紀事本末體的特色，記事的篇目在書中所占份量最大。《四庫總目提要》就歸之爲「紀事本末類」，推崇它與袁樞的書同是這一體裁的代表作。不過，提要作者並沒有認識到《繹史》所具有的綜合體裁的特點。

實際上，《繹史》在保存紀事本末體按事立篇特點的同時，又揉合了編年體和紀傳體的優點。書中記事和記人的篇目都兼顧年代前後來安排，又把先秦時代的歷史劃分爲「太古」、「三代」、「春秋」、「戰國」四段，這顯然是吸收了編年體「年經事緯」的優點，以利於敍述歷史演進的階段及各階段內發展的趨勢。試舉「戰國之部」若干篇目爲例。按照書中的先後順序，有〈衛鞅變法〉、〈蘇秦合縱〉、〈張儀相秦連横〉、〈秦倂巴蜀〉、〈楚懷王客死於秦〉、〈屈原流放〉等等。這是把「以事件爲中心」和「以時間爲順序」兩種方法結合起來。

《繹史》還明顯地兼採了紀傳體「以人物爲中心」的特點，書中設立相當數量的記人的篇目就是明證。更重要的是，在全書佈局上，《繹史》採用了紀傳體諸體配合的特點，創造了記人、記事、圖表、書志集於一書的新的綜合體裁。冠於全書之前有世系圖和年表，爲全書提供基本線索，作者對此認眞下了功夫。春秋戰國各列國的世系，除表列出各國王侯傳位順序外，還表列出各主要公族的傳世。並做到「有兩世可見者悉列於表」，像紀、郜之類的小國也予列出。大多還附有考釋說明文字，如第十四齊世系，說明了崔氏、莊氏、高氏、欒氏諸公族之所由來。第三十七田齊世系，說明依據《竹書紀年》，補充了《史記》之所闕。世系圖之後是大型年表，自共和元年至秦亡止，六百三十五年間逐年表列大事。〈外錄〉中的〈天官書〉、〈地理志〉、〈食貨志〉等，顯然是仿照紀傳體的書志而設，還附有地圖多幅和一些古器物圖。

總之，《繹史》兼採了三種傳統史書主要體裁的優點，熔煉成一種新的綜合體裁。由於馬驌創造出這種新的史書形式，才有可能包容那麼廣泛的內容和豐富的材料。從整個治史生涯來說，馬驌青年時期所撰的《左傳事緯》是它的基礎，至晚年才完成定稿，確係一生精力之所萃，所以才得見稱於當時，並且至今仍是有價值的著作，而他本人則被時人號曰「馬三代」。

馬驌在康熙十二年（西元一六七三年）卒於靈壁知縣任上，年五十三。在任僅四年，而政績卓著，士民爲之痛哭，上報「願世世奉祀」，而後入祀「名宦祠」。他著作的原版，後經康熙帝派大學士張玉書由鄒平購得，藏入內府。

計六奇——他的書是明皇朝的一曲輓歌

傅玉璋

明清之際，階級矛盾和民族矛盾錯綜複雜，不少有識之士，十分注重晚明史的研究，計六奇是其中成就比較突出的一位史學家。

計六奇，字用賓，號天節子，別號九峯居士，江蘇無錫人，生於明天啓二年（西元一六二二年）。他幼年家貧，青年時代在無錫洛社和胡時忠家借讀。清順治間，兩次在江陰應試，都不得志，後半生是在教書和著述生涯中度過的。他生活在明清交替之際，乃著意於記錄這個動盪時代的變化。不管是嚴寒的冬天，還是酷暑的夏季，他「目不交睫，手不停披」地工作著，經過長期的努力，終於完成了《粵滇紀聞》、《南京紀略》、《金壇獄案》及《明季北略》、《明季南略》（以下簡稱《北略》、《南略》，或《南北略》）等史學專著，《南北略》是他的代表作。

《北略》二十四卷，記載上自明神宗萬曆二十三年（西元一五九五年），下至思宗崇禎十七年（西元一六四四年），晚明五十年的社會歷史，既揭露了明皇朝的殘酷統治，又反映了農民起義軍的巨大威力。《南略》十八卷，記載上自明思宗崇禎十七年（西元一六四四年），下至清康熙四年（西元一六六五年），南明政權的建立以至滅亡二十餘年的歷史，既記錄了清兵在江南地區的掠奪和屠殺，又頌揚了廣大人民和南明政權某些愛國志士可歌可泣的抗清業績。

綜觀《南北略》，它們記載了幾個方面的重要史事。

第一，記錄了建州的歷史。關於建州的歷史，《明實錄》雖有記載，但不詳明。清修《明史》避免詳談建州問題。從猛哥帖木兒一直到努爾哈赤這段歷史，幾乎是個空白。清修《四庫全書》，有的進行竄改、抽去，否認他們的祖先臣屬於明朝。而《北略》卷首寫了《建州之始》，概括地描繪了明設建州衛，並由奴兒干都司統治。對這個問題，談遷《國榷》雖有記錄，而計六奇未曾見過談遷書稿，卻又一次論證了奴兒干都司是明朝的地方政權。這就爲後人認識和研究滿洲族的歷史，提供了根據。

第二，《南北略》記載了農民軍鬥爭的珍貴資料。關於明末農民起義的事迹，戴笠《懷陵流寇始終錄》、查繼佐《罪惟錄》、彭孫貽《平寇志》、吳偉業《綏寇紀略》等書均有專門論述，而《南北略》二書，記載更爲詳細。計六奇不僅寫了農民起義的目的，又記錄了起義軍的組織紀律、推行的政策和戰略戰術。由於時代的侷限和作者的反動立場，雖然汚蔑農民軍爲「賊」、「寇」、

「盜」，但也透露了農民義軍鬥爭的一些眞實情況。說李自成起義的目的是：救民水火，爲百姓「故起義兵」。起義軍的紀律「行仁義」，「收人心」，不殺人、不愛財、不奸淫、不搶掠，所過「秋毫無犯」。義軍的政策是「公平交易」、「平買平賣」。將富家銀錢，分賑貧民，「蠲免錢糧」。又使百姓到「營中」貿易。《南北略》還說：義軍「操練兵馬、製造盔甲」。「掃除貪官汚吏」。在戰略戰術方面，農民軍採用「聲東擊西」、「避實擊虛」、「用誘兵計」等方式打擊官軍。這類材料，在其他史書中是不多見的。

第三，《南略》輯錄了江南某些地區的奴僕索取文契的鬥爭。明清之際奴僕反對家主的鬥爭，是階級鬥爭的一個組成部分。計六奇的論著也反映了江南這種奴僕鬥爭，他記載了安徽黟縣、休寧等地奴僕結十二寨，索家主文書，稍不如意即焚殺之。他們說：「皇帝已換（指李自成稱帝），家主亦應作僕，事我輩矣」，主僕俱兄弟相稱。在江蘇江陰縣地區，當淸兵攻城時，「鄉民爲奴僕者，勾結數百千人，向本主索文書，稍遲則殺之，焚其室廬」。這些記載，是硏究明末階級鬥爭的又一項重要資料。

第四，《南北略》還以童謠時語揭露南明朝廷腐朽統治。明福王朱由崧在南京稱帝，重用馬士英、田成等人。馬士英賣官鬻爵，賄賂公行，時人語曰：「中書隨地有，都督滿街走，監紀多如羊，職方賤如狗，蔭起千年塵，拔貢一呈首，掃盡江南錢，塡塞馬家口」。在馬士英擅權期間，與劉孔昭相比惡，勾結韓贊圖、張執中、田成、阮大鋮等人，而當時以田成權勢最大，故時語曰：「金刀（指劉孔昭）莫試割，長弓（張執中）早上弦；求田（田成）方得祿，買馬（馬士英）即得官」。又有謠曰：「要縱奸，須種田（田成），欲裝啞，莫問馬（馬士英）」。此外，還有「若要天下平，除非殺了馬士英」之謠。

以這些童謠時語收入書中，也反映了計六奇對南明封建皇朝的不滿和痛恨。

第五，《南略》收錄了《鄭成功討滿洲檄》和《浙江水災》的內容。前者是研究鄭成功抗清鬥爭的重要史料，是其他史書所少見的。後者是研究東南沿海颱風，海嘯自然災害的珍貴材料，都比其他史書記載更爲詳細。

計六奇撰的《南北略》，廣採各家私史、雜史如《野乘》、《野記》、《遺聞》、《國難記》、《史略》、《左艮玉始末》、《甲乙史》、《幸存錄》、《無錫記》、《江陰野史》、《閩事紀略》、《粵事記》等不下七十種，其中有輯佚的逸史，其用功之勤可見一斑。計六奇治史還注重調查訪問，他搜集的遺聞佚事，還多注明其來源，書中所見約數十處。如「贛州人口述」、「難民口述」、「邑人口述」、「有自京中來者云」、「有自楚蜀來者云」、「江陰中書嘗與予云」、「予聞之楚友云」、「宜興陳生語予曰」、「遼人唐奉山親見其事」、「公遠親見述此」、「歸德難民所述」、「客有開封來者語予曰」、「無錫優人述云」、「江陰馮生自楚歸云」、「馮生云」、「有葉客述此」、「常德人口述」、「一術士徐姓者言」、「袁州老僧云」、「楚生述」、「東村老人曰」等等。可見他所訪問的人很多，有書生、老人、藝人，還訪問過難民、和尚、道士、老兵和官吏，訪其見聞，加以整理。還有些材料是他岳父胡濟之及表弟胡永禔提供的，有些是他們親身的經歷。

計六奇對歷史資料的態度是嚴肅的。他發現所收集的資料，有的不大可靠。對歧異的記載，他提出自己的看法；對確有錯誤的記載，則指出其「不可深信」；對有懷疑的問題，則說不知「是一是二」，「以俟後考」；等等。這反映了他嚴謹治史的一個方面。

計六奇的史評中肯有識，非同泛論。《南北略》雖然不是史評專著，但對某些歷史事件、歷史人物，多作了簡略的評論。或曰「評」，或曰「論」。有時寓論於史，有時敍事而終之以「評」。他認爲：「稱人可過之，毀人不可過」。反對那些「自逞其鋒，全不顧他人之死活」的作法。他對楊漣、錢元慤、錢嘉徵等人揭發宦官頭子魏忠賢的罪惡活動大加讚揚，說他們「眞膽識雙絕」，稱讚他們的疏奏，可流傳「千古」。評論東林黨爲「正人之藪」，復社爲「名人之林」。讚頌守江陰的抗淸英雄閻應元「多膽略，有治才」；堅守桂林進行抗淸的瞿式耜「眞將相之器」、「眞人傑也」。處在淸康熙大興文字獄時代的計六奇，而敢於稱頌抗淸將領，顯示了作者的膽識和氣節。

計六奇對農民軍雖進行誣蔑和歪曲，但對農民軍將領張獻忠進攻岳州所採用的戰略戰術和顧君恩提出的戰略思想，卻大加讚賞。他說：「獻忠此計，所謂利而誘之，亂而取之也。惜乎庸將不知」。說農民軍先取關中，建國立業，旁略三邊，攻取山西，後向京師的方針是正確的，認爲顧君恩是義軍中「有才智者」。另一方面，對明朝將領左良玉不敢與農民軍交鋒，到處躱避，進行了無情的揭露，說左良玉「猶如白日鼠，見人輒避，夜間乘人寢寐，復出盜米。良玉爲將，何以異此」！這些評論透露出作者的政治見解和直筆精神。

《北略》最後兩卷還有「總論」，記錄了作者對晚明政治形勢的分析和評論，既詳敍了明末亂政的原因，又評論了農民軍的發展和明朝的滅亡。計六奇認爲：明朝在神宗萬曆時，張居正在位，政治比較清明，「九邊晏如，羣吏畏法」、「府庫充實，賦斂不苛」。到了神宗末年，「國本」論起，統治集團內部出現明顯的裂痕，終於在天啓、崇禎兩朝矛盾爆發。朝廷大臣背公營私，社會風氣敗壞。以致「將士不知殺敵，惟知害民；文官不知職業，惟習貪緣。」他尖銳指出：執政的首輔溫體仁是「忌功」之人，總制楊嗣昌是「庸懦」之夫，後來掌握實權的張縉彥是「無謀」之輩，而帶兵作戰的將領唐通、姜瓖、劉澤清、白廣恩等人，都是「愛生惡死，望風逃降」的怕死鬼。明朝豈有不亡之理。

計六奇還著重論述了農民起義的爆發和發展的原因。他說：明朝「取民之制甚煩，養民之制甚略」，「斂重而民窮，民窮而盜起」。這些「盜」、「寇」，就是「嘯聚山谷」的飢餓的農民。於是李自成乘機而起，「據中原，躪江漢，襲三秦，淩晋跨蜀」，終於推翻了明皇朝。

計六奇是站在明朝臣子的立場上來看待晚明的歷史的，所謂「一朝宗社丘虛，大可痛也」的慨嘆，反映了他的這種心聲。他的書，眞像是明皇朝的一曲輓歌。但是，他的無情的揭露，卻昭示了晚明歷史發展的許多眞象，因而值得人們重視。

其書已傳，其人則不知終於何年，這是令人感到惋惜的。

萬斯同——一代賢奸托布衣

鄧瑞

《明史》成爲二十四史中的佳作之一，是跟一位以布衣參史局的史學家的名字分不開的。這位史學家叫萬斯同。萬家有四位先人爲明皇朝效忠而死，可稱得上是忠良世家。萬斯同的父親萬泰，字履安，考中崇禎九年（西元一六三六年）鄉試，後爲一代儒宗，以文章史學聞名於明末，曾領袖復社文壇二十多年。萬泰有八子，斯同年紀最小。

萬斯同，字季野，號石園，浙江鄞縣人，生於明崇禎十一年（西元一六三八年）。萬斯同幼年生活孤苦，自言「我昔九齡時，慈母中道棄。此時赤日頹，腥塵匝地沸。」（〈述舊〉詩，《石園文集》卷一）以其生於明崇禎十一年（西元一六三八年）計，九歲時正值清順治三年（西元一六四六年），是年十月十三日，清廷下令「有爲剃發、衣冠、圈地、投充、逃人，牽連五事具疏者，一概治罪。」（《清世祖實錄》卷二八）是年正月，魯王在紹興，清兵於八月底盡占浙江。九月，張名振擁魯王至舟山，守將黃斌卿不納，魯王乃泛海，於十一月至廈門。當時清兵勢若破竹，南明節節敗退，值此階級矛盾與民族矛盾非常尖銳的時候，由於清統治者執行民族高壓政策，江南抗清鬥爭此起彼伏，萬斯同的先世四代死王事，同時又受到其父萬泰及其師黃宗羲忠於明故國的影響，他表現爲愛國的民族志士是可以理解的。

他當時是「穴居逾三年，脫粟嘗不繼。」後又「重返西皋居，遂作灌園計。」這時他參加了農業勞動，其居地亦清幽可喜，「投閒來此地，猶喜是吾廬。小菜先春種，寒花帶雨鋤，松濤侵戶冷，夢月入帘虛。欲共幽人語，前溪覓老漁。」刻劃出他種菜生活與幽人漁翁共語。他又稱：「田圃久成蕪，……復理桔槔器。時或從父兄，荷鋤畦邊憩。漸成田舍兒，頗語村居味。」寧靜樸素的農村生活，他也想「終事田家利」但又事與願違，「不謂志難諧，復迫居城內。」於是他又「念茲釋耕耘，欲識詩書字。」（以上均見〈述舊〉詩）在其父萬泰教導下，他學習解讀古書章句，並閱讀家藏數十卷明朝史料及經書。以後其父去嶺南，返回時，途經九江病逝。萬斯同非常沉痛，在頻遭憂患的餘生，他就奮然努力學習，「季野乃奮起孤生，通經汲古。」（〈萬季野墓誌銘〉，《石園文集》卷首）

萬斯同自幼敏異，時黃宗羲居於鄞縣，萬斯同與兄斯大共向黃宗羲學習，得浙東蕺山之學，他曾說：「吾輩既及姚江之門，當分任吾師之學，……唯史學，則願與吾兄共任之，誠留意於此，不但可以通史，並一代之制度，一朝之建置，名公卿之佳謨嘉猷，與夫賢士大夫之所經營樹立，莫不概見於斯，又可以備他日經濟之用。」（〈寄范筆山書〉）此爲其治學方向及要點，他是要繼承其師的史學，且留意積累經世致用的史料以備他日寫史書時採擇。

康熙五年（西元一六六六年），萬斯同二十四歲，與黃宗羲子黃百家、陳夔獻讀書於鄞縣海會寺。他從別人處借讀二十一史，因用功過勞，雙目盡腫。

康熙八年（西元一六六九年），他在越城（今浙江紹興）姜定庵家，精讀其所藏明十五朝實錄。於是他熟識明代史實，爲日後寫明史奠定了堅實的基礎。他曾說：「因欲遍觀有明一代之書，以爲既生有明之後，安可不知有明之事，故嘗集諸家記事之書讀之，見其牴牾疏漏，無一得滿人意者……客歲，館於越城，得觀有明歷朝實錄，始知天下之大觀，蓋在乎此，雖是非未可盡信，而一朝之行事，暨羣工之章奏，實可信不誣，……始嘆不觀國史，而徒觀諸家之書，眞猶以管窺天也。」（同上）這就是他主張以實錄糾野史之謬的治史方法，但是他也重視「嘗欲以國史爲主，輔以諸家之書」，想寫一部類似通鑑的明史，「即稗官野史之有可以參見聞者，未嘗不寓目也。」（同上）

康熙十七年（西元一六七八年）清統治者爲了籠絡漢族知識分子，詔徵博學鴻儒，當浙江巡道許鴻勛推薦萬斯同時，萬斯同堅決不應。這是他的不仕清朝的明遺民的心志的表現。至康熙十八年（西元一六七九年）清廷於京師（今北京）設明史局，始修明史，大學士崑山徐元文爲總裁官，延請萬斯同至京，居其家中。按當時參加修史的人，都可以拿七品俸祿，稱爲翰林院纂修官。但萬斯同不應，乃作爲門客，以布衣參加修史，不作清朝官，不拿俸祿。正像黃宗羲〈送萬季野北上詩〉所稱「四方聲價歸明水，一代賢奸托布衣。」（黃宗羲《南雷詩歷》）反映出萬斯同北上參預修撰明史的重要地位，他以布衣參加史局，起的作用是很大的。

萬斯同以學問精湛，頗受京師高官貴人的禮重。修史諸臣，凡有古典故事，不熟出處者均向其質詢，他即寫在紙條上，答以某事「在某書某卷某頁」，經查對，均絲毫無誤。

當時，劉坊、萬斯同是京師聞名的人，傳誦二人均「博文爾雅，無所不窺。」（〈萬季野先生行狀〉，《石園文集》卷首）他們相識於康熙二十八年（西元一六八九年）冬，在徐總裁官的家裡，同識的還有劉獻廷，劉每日晨出訪學問友，有時晚間尚未歸，若有人訪劉，必先托萬斯同致意，然後劉乃等待於家。而萬斯同是自早至晚忙於撰寫明史稿，有客來訪「或經史制度，或人物得失，閎論崇議，鋒辨四出，娓娓如數家珍。言某人某事如何，某時某官某地建置如何，檢書案之詞語，未嘗少誤。客去，復理前業不倦。」或有人與萬斯同遇於路途，「問之，無異在寓。」（同上）後來徐乾學南歸，劉獻廷後亦歸吳，不久病逝。萬斯同遷居於京師江南會館。

「季野自己未（康熙十八年）入都，先後二十四年，未一南歸。先客徐乾學家，爲之輯《讀禮通考》。徐放歸後，爲張玉書、陳廷敬所留，居江南館，大約以後皆爲王鴻緒纂明史稿，一生事業盡在此矣。」「唯熟於萬曆以後史事，黨局縱橫，無所究心，當時實無第二人。」當然他在學術上也不能說毫無商榷之處，他「爲學推崇宋儒，見解多偏，史學考訂，亦未精純，歷代史表疏漏甚多。」（鄧之誠《桑園讀書記》石園文集條）但是從他對明史的貢獻來說，這些小疵是不必苛求的。

他修史是以直書爲其特色，如關於建文帝有無出亡，他斷言：當時紫禁城無水關，實無可出之理。他根據成祖實錄的記載，認爲建文闔宮自焚爲可信。

萬斯同修史，以實錄爲依據，但有時實錄不詳的事，亦參證他書。他所撰有本紀、列傳，共約三百一十六卷，惟志書未成。以後，乾隆初年，由張廷玉刊定的明史，是以王鴻緒明史稿爲底本，而王氏的史稿，實出自萬斯同的書。在修史餘暇，他曾爲徐乾學纂寫《讀禮通考》。當時，安溪李厚庵曾稱：「吾生平所見不過數子：顧亭林、萬季野、閻百詩，斯眞足備石渠顧問之選者也。」（全祖望《鮚埼亭集》卷二六）

萬斯同修史書，本著司馬遷《史記》及班固《漢書》的體例風格，重視史表的運用。他說：「表立而後紀傳之文可省，故表不可廢，讀史而不讀表，非深於史者也。」（錢大昕《潛研堂文集》卷三八）

萬泰是出自山陰蕺山之學，蕺山的弟子黃宗羲，萬斯同向其遊學請教，因得蕺山學術的精華，並且身體力行，學以致用。

萬斯同結交朋友，頗重信義。如「故人馮京第死於義旅，其子沒入不得歸。」萬斯同初至京師，即爲醵錢贖歸。又有里人張九林死於邸，他亦出資收殮，「其輯睦宗族，惇篤風義皆類此。」（〈萬季野墓誌銘〉）

「萬斯同前受徐氏知遇，爲核全稿，然僅以布衣參入史局，未拜朝命也。」後來「王鴻緒分撰列傳，重延萬氏於家，以史事委之。」均可見萬斯同兩度助修明史，其功實不可沒。

萬斯同熟悉明代故實，考訂史稿，多依據明列朝實錄，並參閱他書，「往往以一傳之文，參考盈尺之書四、五，或至八、九。」（李晉華《明史纂修考．顧頡剛序》）可謂旁徵博引，功力湛深。

萬斯同主張明季史事應以實錄正野史之謬，「至以實錄正野史之謬，最爲有見。」同時「顧亭林持論亦頗相同。」（鄧之誠《桑園讀書記》石園文集條）實際上，以實錄正野史之悠謬，其不悠謬者，亦不可廢。萬斯同是僅就明代史書而言。

就以明實錄而言，萬斯同也很重視對各朝實錄的考證，如他關於洪武實錄的看法，認爲洪武初年屠戮功臣之慘，使士子亦畏仕途，乃自秦以後，所絕無僅有的情況。但他指出：「觀洪武實錄，則此事一無見焉，縱曰爲國諱惡，顧得爲信史乎。」至於洪武年間，亦是「藎臣碩士豈無嘉謀，……乃亦無所紀載。」他考證出：「洪武之史，凡三修，其一在建文之世，其一在永樂之初，此則永樂中年，胡廣、楊榮、金幼孜所定也。」「吾意前此二書必有可觀，而惜乎不及見也，若此書者」，乃指永樂中年，胡、楊、金所定的洪武實錄「疏漏已甚，何足徵新朝之事實哉，君子即不觀可也。」由上知萬斯同認爲洪武實錄在建文年間及永樂初年的本子，乃可信。永樂中期之本，不足觀，因係避諱經過塗改的。故知萬斯同考證精審，辨證詳勘。他在閱弘治實錄後，認爲「有明之實錄，未有若弘治之顚倒也，蓋總裁於焦芳，……以附瑾之故，筆削之際，猶且不敢逆之。……獨不畏萬世之公議乎。……吾是以益嘆古人之不可及，而知有明實錄之未可盡信也。」可見萬斯同在仔細研討明朝實錄時，指出實錄中，也要具體分析，有的記載亦有曲筆，未可盡信。他又指出「孝宗爲一代守成令主，而實錄所紀當時之弊政，何其多也。蓋帝務通下情，人人得以盡言，故一有過擧，盡刊之於奏牘，……正其能納諫之美也。」（《石園文集》卷五）由此知弘治實錄中紀弊政多，人人盡言，孝宗仍不失爲通下情，能納諫的好皇帝。

故萬斯同「其文皆有爲而作，所存不多，……終以讀國史諸篇爲最精萃。」「季野以史學名家，明清兩代，究爲第一人，無人可以匹擬，即弇州亦望塵莫及也。」（《桑園讀書記》石園文集條）

萬斯同修《明史》，是「報國以文章。」斯同自稱：「但願纂成一代之史，可藉乎以報先朝矣。」（〈萬季野墓誌銘〉）經過勤奮的考訂，以布衣參史局，他終於完成寫《明史》的宿願。後人評價「明史纂修，歷數十年之久，職官亦數千百人，及其成也，雖不能媲美遷、固，然自歐陽公新唐書、新五代史之外，頗足稱焉。此後之論史者公評也。」李晉華《明史纂修考．自序》這種評論是很恰當的。

萬斯同於撰明史的餘暇，在京師歲寒書屋、梅花堂或浙江、江南會館主講每月兩次的學術講會，來聽者約百餘人，他主講《易》、《禮》、《詩》、《書》、《春秋》，援引古今，聽衆頗有心得。後來每月講會三次，增加講的內容，有田賦、兵制、選擧、樂律、輿地、官制等典制的沿革。當時學術影響很大，聽衆云集，「有蘇湖之遺風焉。」（〈萬季野墓誌銘〉）

他因晚年病目，與劉獻廷、錢名世同住，「每旦獻廷出遊，所聞有關於史事者，暮歸質於斯同。」「復與其門人錢名世細爲商榷，而錢氏以文筆出之，故其所訂之稿，辭達事明，有超軼乎前代史書者。」（鄧之誠《清詩紀事初編》卷二）

萬斯同的治學範圍及步驟，是先學習古文詩歌，及壯年爲經國有的學問，入清後，乃慨然以修明史爲己任。正像後人稱讚他的話「學通古今，無所不辨……季野古文辭識力深健，不減歐、曾，詩亦能窺盛唐大家之室。」（《石園文集》張壽鏞序）但是也可以說，很遺憾的「今先生詩古文辭之傳於世者，僅已。他諸撰述又多爲人掠奪去，即明史號爲先生所盡心者，世亦莫能見其眞本。故余嘗謂先生學雖博，名雖高，而志不見於當時，書不盡傳於後世。」（同上）這當然是指萬斯同所撰《明史稿》成爲王鴻緒《橫雲山人史稿》的藍本，後並作爲張廷玉《明史》底本而言。

萬斯同的詩篇，反映出南明時期的社會情景，其詩多傷亂離，有蒼涼激楚之音，如〈寄五兄公擇〉：「飲食不求精，冠裳不求好。但求免飢寒，骨肉常相保。」又如〈山中飲酒贈黃直方〉詩：「試問東鄰賣藥翁，出世何如在山好。」再如〈寒松齋即事〉詩：「身賤思遊俠，時危擬息交。蒼天不可問，且此守吾巢。」〈秋懷〉詩：「斗室但求容膝穩，百年敢怨布衣單。」又有〈寄侄貞一問金陵舊事〉詩：「宮殿淒淒宿暮鴉，建康城里日堪嗟。禁中已是他人住，莫問當時百姓家。」以上詩篇，均反映出他的明遺民的心誌，有民族氣節，不爲滿清作官，深感清初民族高壓政策的痛苦，「時危擬息交」，甘心爲布衣以終其身。在其著名詩篇〈鄮西竹枝詞〉中有「宋室奸人骨一抔，遊人唾罵幾時休。恨無長劍無荒冢，截取枯骸獻岳侯。」下注「王次翁玟在西郊海會寺側。」又寫詩「遺恨金牌召岳軍，致令南北遂平分。若非王氏傳家錄，誰識奸謀由此人。」下注「次翁本濟南人，從高宗南渡，遂家於鄞，官參知政事，爲秦檜心腹，撤三大帥兵，召岳武穆，皆其謀也，詳見王氏傳家錄，即次翁自撰。」（均見《石園文集》）這些詩篇，可補正史之不足，並表達出萬斯同良史直書的優秀品質，以及熱愛忠良，憎恨奸惡的眞摯情感。

萬斯同於清康熙四十一年（西元一七〇二年）四月初八日辰時卒於京邸王鴻緒明史館中，後歸葬於寧波西郊，享年六十。當時友人及門人羣諡先生爲貞文，故又稱貞文先生。他去世後近二十年，當康熙末年，楊廷樞子楊無咎爲他寫了〈萬季野墓誌銘〉。

萬斯同著述甚豐碩，有《儒林宗派》八卷、《廟制圖考》四卷、《喪禮辨疑》四卷、《廟制折衷》四卷、《讀禮通考》九十卷、《石經考》四卷、《周正匯考》八卷、《聲韻源流考》一卷、《歷代史表》六十卷、《明史表》十三卷、《紀元匯考》四卷、《明歷朝宰輔匯考》八卷、《宋季忠義錄》十六卷、《南宋六陵遺事》一卷、《庚申君遺事》一卷、《歷代河渠考》十二卷、《崑崙河源考》二卷、《羣書辨疑》十二卷、《石鼓文考》一卷。此外劉坊謂散失的有《明通鑑》等，其《石園文集》八卷，賴張壽鏞先生刻入《四明叢書》以行世。萬斯同多年功力所注，成果卓著的是《明史稿》三百一十六卷（李晉華《明史纂修考》第一〇六頁），實爲今《明史》的原本。

全祖望——樹立了學術史研究的豐碑

朱仲玉

全祖望是繼黃宗羲之後，在中國學術史研究方面樹立了豐碑的史學家。

全祖望，字紹衣，號謝山，浙江鄞縣人，生於清康熙四十四年（西元一七〇五年）。他四歲時，就在父親的指點下誦讀抄寫經子諸書。過了些年，父親又讓他兼讀《資治通鑑》、《文獻通考》等書，使他對史學產生了濃厚的興趣。十四歲那年，父親送他到里中張氏三餘草堂去讀書。他讀書敢於提出疑問，很得老師董正國的讚許。就在這一年，他補上了博士弟子。

祖望十六歲時，古文已作得很好。他爲文討論經史，證明掌故，說得頭頭是道。黃宗羲的弟子海寧查慎行看了他的文章後，對他很爲器重，認爲他將來一定是像宋代著名學者劉敞那樣的人物。

祖望的家鄉鄞縣，文化素來發達，藏書樓很多，著名的有范氏天一閣、謝氏天賜閣、陳氏雲在樓。這些藏書樓都是祖望常去的地方。凡遇見稀有的書本，他一定要借來抄錄，仔細閱讀，深刻研究，因此他的學識越來越豐富，在鄉間的名氣越來越大。在他二十五歲的時候，提督浙江學政的王蘭生，聽到全祖望這個名字，又看了他的文章，就將他選充貢生，送到京師國子監去就讀。

入京的第三年，祖望二十八歲，應順天鄉試中式。內閣學士李紱看到他的試卷，認爲他是宋代王應麟、黃震以來難得的人物，因而與他結成了好朋友，留他在自己家裡讀書。

過了四年，祖望三十二歲，他於是年考中進士，選爲庶吉士，入翰林院庶常館。大約從這時候起，他開始有了著述之志，先開始和李紱一同借閱翰林院所藏在外面不易見到的《永樂大典》，約定兩人每日各讀完二十卷，抄錄已佚的書。這種工作，實際上爲後來清代盛行的輯佚學開了先河。李紱對宋代的學術思想史很感興趣，曾親手點校《陸象山文集》。祖望對宋代歷史也很有研究，他打算改編《宋史》；特別是對宋代的學術思想，祖望的體會也很深，他自稱黃宗羲的私淑弟子，下決心要完成梨洲未完成的《宋元學案》這部學術思想史。李紱對祖望的想法很爲讚許，不斷地給他鼓勵。他們互相切磋琢磨，在學業上都得到了對方很大的啓發。

可是，與李紱的友誼也給祖望帶來了麻煩。當時正是張廷玉當國，他跟李紱合不來，因而附帶的也就憎惡全祖望。他竭力阻擾祖望應博學鴻詞科考試，而且在庶常館散館後僅授予一個最低級的知縣官。這個打擊對祖望來說自然是很大的，他不願意出任知縣官，就回到家鄉讀書著述，過著清苦的日子。這時候，他的學術重點是搜集和整理鄉邦文獻，撰寫表彰明季忠義之士的文章。他還仔細攻讀王應麟的《困學紀聞》，並爲之做箋注。增補《宋元學案》的工作，這時候正在做搜集資料的準備，還沒有正式開始編纂。

從四十二歲那年起，祖望才開始把主要精力集中於增補《宋元學案》。過了兩年，他被請到紹興去主持蕺山書院的講席，身邊也一直帶著《宋元學案》的文稿，不間斷地編纂。因爲他在學術上的名氣很大，由他主持書院講席的消息傳出以後，一月之間，從浙東各地來求學的學生雲集紹興，學舍都容納不下了。祖望在講學中對學生們諄諄誘導，教育他們要踏踏實實地攻讀經史，不要寫時文。由於他生性耿直，對紹興郡守輕視讀書人的官僚習氣很看不慣，所以講學沒有多久，就辭職回家。第二年，五百多名學生一再地派代表去敦請，他也沒有重回書院去。

這次講學的時間雖短，但通過跟年輕士子的接觸，使祖望深深地感受到闡述學術源流的重要性，因爲這對青年人很有意義。所以，在回鄉以後的日子裡，他加快了《宋元學案》的增補工作。他繼承黃宗羲、萬斯同以來重視史書中表譜的傳統，決定在學案中也要充分發揮表的作用，爲每個學案立一張表，備舉這個學派師友弟子的學術淵源和承襲關係，使讀者能一目了然。

《宋史》是一部篇幅較大的史書，道學、儒林分傳，似乎對學術史是很重視的，其實卻並非如此，有些在學術上很有成就的人，《宋史》的傳文寫得很簡單，有些甚至沒有立傳。《元史》與《宋史》相比，從學術史的角度看，更是等而下之。祖望認爲編《宋元學案》不能過分地依靠這兩部史書，必須在兩書以外廣泛地搜集資料。他在黃宗羲原作十七卷二十五個學案，和宗羲之子百家繼續草擬的十幾個學案的基礎上，根據搜集到的豐富資料，新立了四十五個學案，並對黃氏父子所作的四十多個學案一一修訂補充或重新分卷，最後確定編寫一百卷九十一個學案。他給全書新定的編寫體例是：卷首爲序錄，分條概述每個學案的主旨，這是跟司馬遷《史記》中的〈太史公自序〉學的。序錄之後爲各學案的正文。各學案不但有表，並給案主寫有詳細小傳，概述其生平和學術宗旨；對案主的學術論著，都一一注明出處；最後是附錄，輯錄與這一學派有關的遺聞軼事以及後人的評論。

祖望增補《宋元學案》的工作並不是一帆風順的，在編纂過程中他病過兩次：一次是在四十六歲那年，他得了一場重病，病後一隻眼睛幾乎失明了；另一次是在四十八歲那年，他爲生活所迫，南下廣東英德，去主持端溪書院的講席，由於過度勞累和水土不服，又舊病復發。另外還有一個原因也使他不能立即寫完學案，那是因爲他的興趣很廣泛，要做的工作太多。他不僅對經學、史學有濃厚的興趣，並且對地理學也十分喜歡，對酈道元的《水經注》進行了一遍又一遍的校勘，其時正在忙著做第七次的校勘。兩件重要的工作和其他一些零星工作同時進行，身體又不好，寫作的速度自然就不可能快了。

朋友們對於祖望貧病交加的處境和他的學術工作，給予了深切的關懷。揚州的馬氏兄弟，家富藏書，與祖望一向友善，他們邀請祖望到揚州去養病，說可以利用他們家裡的藏書，一邊養病，一邊寫作。祖望覺得盛情難卻，就應邀到揚州去住了一段時間。在那裡，環境安靜，生活有人照料，書籍資料也很豐富，他的健康稍有好轉，寫作也有了較大的進展。

可是，就在這時候，祖望突然又受到一次最爲嚴重的打擊，這就是他的兒子昭德突然得病去世。老年喪子，悲痛的心情自然是可想而知的。他一忽兒高聲痛哭，一忽兒低聲抽泣，幾乎到了神經失常的地步。辦完兒子的喪事後，他再也支持不住，又一次病倒了。這一次，他沒有再站起來，臥床數月以後，就與世長辭，死時才五十一歲。這是乾隆二十年（西元一七五五年）的事。

全祖望的成就是多方面的，經學、史學、文學都有很深的造詣，留有豐富的作品。作爲史學家的全祖望，在史學上的主要貢獻是修訂增補《宋元學案》，在這部學術史名著中，由他執筆的占全書的十分之六七。他還著有一部六卷本的《漢書地理志稽疑》，考證極爲精審，可以說是爲乾嘉考據學派開創先例的作品。還有《經史答問》十卷，那是解答弟子董秉純等提出的經史疑問的總集，人們把這部書與顧亭林的《日知錄》相提並論，也是一部了不起的作品。至於對鄉邦文獻的搜集整理，他輯錄有《續甬上耆舊詩》和《國朝甬上耆舊詩》，二者總共有一百多卷，對恭敬桑梓、發揚幽潛做出了重大的成績。他寫的表彰明季忠義的文章，內容翔實，感情豐富，有血有淚，對激勵民族意識和民族氣節有很大的作用。他三箋《困學紀聞》、七校《水經注》，箋注本和校正本都有刻本傳世，一向爲考據學家所重視，認爲他功力很深，見解精闢，可以作爲後人箋校古籍的典範。

有人評論全祖望一生的學業說，經學、史才、詞科，三者得一即可傳世，祖望則是三者兼而有之。像他這樣難得的大學問家，不是雲霧之中的海上神山，而是矗立於地面的百尺樓台，沒有積年累月的功夫，是難以獲得如此重大的成就的。

王鳴盛——考證歷代典制 商榷史家書法

施丁

在清代乾嘉時期的史學家中，王鳴盛於考證歷代典制、商榷史家書法方面著力較多，以此顯示出他在考史方面的旨趣和風格。

王鳴盛，字鳳喈，一字禮堂，號西莊。清代江蘇嘉定（今上海市嘉定縣）人，生於康熙六十一年（西元一七二二年）。

王氏自幼年起，受到了嚴格的封建文化教育，曾肄業於蘇州紫陽書院。與當時的一些文人學者吟詩作文，從經學家惠棟學習經義，深受漢學影響。

乾隆十二年（西元一七四七年），王氏中江南鄉試。乾隆十九年（西元一七五四年），舉進士，被任命爲翰林院編修。乾隆二十三年（西元一七五八年），被提升爲侍講學士，擔任日講起居官。次年，擔任福建鄉試正考官，隨又調任爲內閣學士兼禮部侍郎。不久，被御史彈劾，降了二級，爲光祿寺卿，乾隆二十八年（西元一七六三年），因母喪離官回鄉。除喪之後，藉口父親年高，自身多病，不再做官。他自三十三歲爲翰林院編修，到四十二歲離官返鄉，爲官十年。從四十二歲起，定居蘇州，不再進出官場，只是治學著述。

王氏的學問較爲淵博，著述較多，在經學方面著有《尚書後案》，史學方面著有《十七史商榷》、《周禮軍賦說》，子學方面著有《蛾術編》，還有詩文集。

現在看來，王氏在學術上還是以史學著名，《十七史商榷》（以下簡稱《商榷》）較有學術價値。

在清朝文網嚴密而又「稽古右文」的影響下，私人治史多從事歷史考據。王氏在此形勢下，花了二十多年的功夫，寫成了《商榷》一百卷，近二千個條目，這部書涉及自《史記》至《新五代史》十九部紀傳體正史，因當時毛晋汲古閣所刻十七史中不包括《舊唐書》和《舊五代史》，他也就襲用了十七史的名稱。他在這部書的〈序〉中說：「予爲改訛文，補脫文，去衍文；又擧其中典制事迹，詮解蒙滯，審核踳駁，以成是書。」這裡只談到校勘文字、考證典制事跡兩個方面；其實此書中還有評正史書法、議歷史是非等方面的內容。

王氏校勘十七史的文字，是以汲古閣本爲底本（另外，於《舊唐書》採用聞人詮本，於《舊五代史》採用四庫館新輯傳抄本），以明監本及它本來校，只是有重點地校，不是全面地以各種版本對校，往往三言五語校一個字或幾個字，即成一條。所以雖有一些成績，但還是很有限的。

王氏自鳴得意的還是考證典制事迹。《商榷》的重點是考證地理和職官，有些條文是在參考了很多圖書和金石等資料的情況下寫成的長篇文章。

在考證地理方面，王氏首先注意到歷代的地理沿革，如《商榷》卷二四〈淮陽郡〉條，對淮陽有時稱郡有時稱國進行了深入考證，說明《漢書．地理志》爲什麼書國而不書郡。其次，注意歷史地理上的特點，如《商榷》卷五五〈淮南〉條，講南北朝的疆域，著眼於「淮南數百里間」歸屬的變化；卷七一〈武后居洛陽不歸長安〉條和卷八五〈分司官〉條，講唐代的都城，注意到「洛陽爲東都」的特殊性。再次，注意故鄉的歷史地理，如《商榷》卷六四〈臺城〉、〈白門〉、〈雞籠山〉、〈後湖〉、〈東府〉、〈西州〉、〈秣陵建康二縣分治秦淮南北〉等條，是考證六朝建康的歷史地理；卷四五〈三吳〉條，卷七九〈廣陵〉、〈瓜州瓜步〉、〈丹陽縣取郡名〉、〈晉陵武進〉、〈故吳城〉、〈蘇州華州華亭縣新有舊無〉等條，都是專談江蘇的歷史地理，甚至有〈蘇常戶口〉、〈草席．鞵〉等條，考證江蘇歷史上個別地區的戶口和特產。這些既說明他對故鄉較爲熟悉，掌握有關的文獻資料較多，同時也說明他對故鄉的歷史地理有興趣，對鄉土歷史有感情。

在考證職官方面，王氏不談一般官職，而注意重點問題。對朝廷的職官，不大談漢代的三公九卿、唐代的三省六部，而是注意管機密、掌實權的要職，如《商榷》卷三七〈臺閣〉條，注意漢代的尚書和中書，因他知道尚書和中書「皆管機要，出納王命，其職皆要」；卷八九〈南衙北司〉條，注意唐代的宦官，因他認識到唐代「禍根總在中人得兵」。對地方的職官，不進行層層考究，而較注意掌實權的地方大員，如《商榷》卷十四〈太守別稱〉條和〈郡國兵權〉條，指出漢代太守稱「將」，兼掌軍事，〈刺史察藩國〉、〈刺史權重秩卑〉等條，指出漢代州刺史大多督察郡國，「其權甚重」。

王氏還評正史體例書法。關於正史體例，《商榷》卷一〈史記創立體例〉條，說《漢書》以下各部正史的體例基本上仿照《史記》，只小有改變；卷六八〈並合各代每一家聚爲一傳〉條和卷五九〈以家爲限斷，不以代爲限斷〉條，指出《南北史》的人物傳，「一家之人必聚於一篇」，主要是「以家爲限斷，不以國爲限斷」，使得國史變爲「家譜」，最爲謬妄，還指出這種做法與當時實行九品中正制，「六朝人皆重門閥」大有關係。

關於正史取材，王氏認爲對「實錄」或對「小說」，都要愼擇。「實錄」多有曲筆，取之不可不愼。「小說」往往不可靠，但也可以擇之徵信。《商榷》卷九三〈歐史喜採小說，薛史多本實錄〉條指出，薛居正《五代史》取材於「實錄」，寫朱溫是「舜司徒之後」，還寫他出生的時候廬舍「有赤氣」，熟睡的時候「化爲赤蛇」，簡直是「以劉季（劉邦）等話頭作裝綴」；歐陽修《新唐書》好採「小說」上的材料，「坐長繁蕪」。所以說：「大約實錄與小說，互有短長，去取之際，貴考核斟酌，不可偏」。

關於正史紀事，王氏以爲宜詳不宜略，宜敍人事不宜言神怪。《商榷》卷七三〈宣武帥李董劉韓事〉條指出，《舊唐書》雖然文筆太蔓，但記事「歷歷詳明」；《新唐書》對舊書材料大加刪削，只圖「文法短淨，不顧事實」，這是過失。《商榷》卷六十〈宋書有關民事語多爲南史刪去〉條指出，李延壽《南史》對於《宋書》、《齊書》、《梁書》、《陳書》上的材料删增都有失當之處，「所删者，往往皆有關民生疾苦，國計利害；偶有增添，多諧謔猥瑣，或鬼神誕蔓」。還指出這種去取材料，關鍵是「李延壽胸中本不知有經國養民遠圖」。

王氏有時還評修史態度。《商榷》卷四四〈曲筆未删〉條及卷五五各條，指出正史有幾種曲筆情況：歪曲史實，顛倒黑白；捏造事實，以無爲有；隱瞞事實，有而不書；有意粉飾，隱惡揚善；以假當眞，將錯就錯；效法《春秋》，筆端予奪，等等。並指出這種曲筆，主要是由於史臣記事寫史，或爲本朝諱飾，或循私舞弊，或誤襲舊文等所造成。從此可以看出，王氏反對曲筆，主張直筆。

王氏還論歷史是非。錢大昕說他「獨不喜褒貶人物」（《潛研堂文集》卷四八〈西沚先生墓誌銘〉），其實不然。他在《商榷》卷二《項氏謬計四》條指出，項羽在楚漢戰爭中有四點差謬：一是立義帝之失；二是信用秦降將章邯而詐坑秦降卒二十萬；三是三分關中而以三個秦降將封王在關中；四是不信范增之言，反而逐其還鄉，這樣就失去「民心」和「軍心」，以至失敗。這是評項羽政治失敗與失去民心有關。《商榷》卷四一〈亮誅馬謖〉條，評諸葛亮用馬謖不當，不是說諸葛亮的錯誤在於誅馬謖，而是在於「用謖不得其當」，因爲馬謖是謀士而不是戰將，「以運籌決策之才，而責以陷陣摧堅之事」，這無異於使蕭何爲將，必定失敗。這是評諸葛亮軍事失誤與用人當否有關。

他甚至肯定歷史上的革新人物。《商榷》卷七四〈順宗紀所書善政〉條和卷八九〈王叔文謀奪內官兵權〉條，指出兩《唐書》對王叔文改革成敗的評論，是「以成敗論人」，並不公正，王叔文改革，黜退聚斂小人，褒揚以往的忠賢，「改革積弊，加惠窮民」，本意是要「內抑宦官，外制方鎮」，統攝天下的財賦和兵力「而盡歸於朝廷」，這是唐代中期所少見的。因而王氏斷言，王叔文的政治措施，上利於國家，下利於百姓，唯獨不利於弄權的宦官和跋扈的强藩，「本無可罪」，應當「平反此獄」。由此可以看出，王氏在評歷史人物上有進步的史識，同時又反映其傾向改革的可貴精神。

從《商榷》可以看出，王氏的史學思想有一定的侷限性。他有博古傾向，只考論古史，明清以來的歷史就不過問了;在這方面，他的學問深度和廣度都不如錢大昕，也不及趙翼。他迷信天道，好談報應，《札記》中有不少這種說教。他崇奉儒道，皈依正宗，如强調「守師法」(《商榷》卷三十八〈馬融從昭受漢書〉條)，「寄人籬下」(《商榷》卷六十一〈張融不寄人籬下〉條)，一再表明不叛儒家之道，寄於正宗思想籬下;誰若離經叛道，他還要嚴加指責。這些說明，王氏處於乾嘉時期，受傳統思想影響較深，因而使史學成就受到很大侷限。

王鳴盛自定居蘇州後，在後半生的三十五年中，絕意仕途，專心治學，晚年改號西沚居士，他的大部分撰述都是在這期間寫成的。嘉慶二年(西元一七九七年)卒，年七十六。

趙翼——考史·評史·論史

施丁

清代乾嘉時期，考史之風，盛極一時，而能在考史的基礎上注重評史和論史的史學家，要算趙翼是比較突出的了。

趙翼，字雲崧，又字耕耘，號甌北，江蘇陽湖（今江蘇常州市）人，生於雍正五年（西元一七二七年）。

乾隆十九年（西元一七五四年），趙氏中舉，擔任內閣中書，並在軍機處任職。乾隆二十六年（西元一七六一年），中進士，擔任翰林院編修，曾參加《通鑑輯覽》的修撰。後來擔任廣西鎮安府知府，擢爲貴州貴西道兵備道。他做官期間，忠於職守，曾參加遠征雲南地區的叛軍，謀劃鎮壓台灣地區林爽文起義，也做過改革弊政、寬刑緩法的事情。乾隆三十七年(西元一七七二年)，因被彈劾，受到降級處分。他就辭官還鄉。這年四十六歲。從此不再出仕，在家讀書著述。

趙氏的著述很多，有《廿二史箚記》、《陔餘叢考》、《簷曝雜記》、《皇朝武功紀盛》、《甌北詩抄》、《甌北詩話》、《甌北文集》等，合編爲《甌北全集》。其中較有影響和學術價值的著作是《廿二史箚記》。

《廿二史箚記》(以下簡稱《箚記》)一書，三十六卷，五百七十八個條目。趙氏對歷代正史做讀書筆記，進行考證和評論，名爲「廿二史」，實際上包括自《史記》至《明史》的廿四史，只是因當時清廷尚未將《舊唐書》和《舊五代史》列入正史，所以仍稱廿二史。

清朝統治者爲了鞏固其統治地位，深忌學者觸及當代、諷刺時政，一方面文網嚴密，禁錮學者的思想，另方面又提倡「稽古右文」籠絡士人學子，於是考證訓詁之學逐漸成爲學術主流。當時治史的學者，多博古而不通今，有的整理先秦史，如馬驌《繹史》、崔述《考信錄》等等，有的考證明清以前的正史，如王鳴盛《十七史商榷》、錢大昕《廿二史考異》等等。《箚記》在這種學術風氣中產生，有著明顯的時代烙印，但又有它自己的特點。

從《箚記》來看，趙氏治史有幾點值得注意：一是對歷史記載，考證異同，辨證謬誤；二是從「參互校核」中發現問題，以評修史曲直；三是對正史記事進行綜合分析，而論史事得失。趙氏在《箚記小引》中說，「此編多就正史紀傳志表中參互勘校，其有牴牾處，自見輒摘出」；「至古今風會之遞變，政事之屢更，有關於治亂興衰之故者，亦隨所見附著之」。《箚記》不是單純的考史，而是以論史爲主。

趙氏多就紀傳體正史參互勘校，有了心得就寫筆記，發現問題就進行考證。《箚記》中考訂史籍者約一百六十多條，不僅對《史記》、《漢書》等等歷史名著辨別正誤，糾摘錯繆，就是對當代官修《明史》也指出矛盾和歧誤，既做了一些正本清源的史考工作，又指出了一些紀傳體正史在取材、筆法和議論等方面的嚴重問題。

在取材問題上，趙氏反對「以奇動人」，主張博採慎擇。《箚記》卷三六〈明祖本紀〉條就指出，只有「取之博而擇之審」，才能稱爲良史。

在文筆問題上，趙氏反對繁冗，主張簡淨。《箚記》卷十〈南史刪宋書最多〉條指出，《南史》刪《宋書》達「十之五六」，是因爲《宋書》全載詔、誥、符、檄、章、表的文字，「過於繁冗」，而《南史》於此等處「一概刪削」，與史事有關者則簡要地提一下，可說是「簡淨」而「得史裁之正」。所謂簡淨，只是文字簡潔，而不能節省紀事，《箚記》卷十六〈新唐書本紀書法〉條指出，歐陽修《新唐書》過於在文字上下功夫，損及記事，就有「過求簡淨之失」。

在修史品德問題上，趙氏反對曲筆和諱飾，主張直書和實錄。《箚記》有不少條文列出了正史記事歪曲，爲本朝諱，爲尊者諱，爲親者諱等內容。如卷六〈後漢書三國志書法不同處〉、〈三國志書法〉、〈三國志多回護〉諸條，揭露了《三國志》爲魏、晉統治者篡權竊位而隱諱的事實，並指出自從《三國志·魏志》創了回護的辦法，「歷代本紀遂皆奉以爲式」，還以爲作史之法「固應如是」。這就揭露了正史往往爲封建統治者爭權奪位之事隱諱，掩飾他們你爭我奪的面目。《箚記》有的條文還揭露一些正史爲本朝統治者誇勝諱敗，阿意褒美，掩飾過錯。趙氏還從正史記事之失，尋根查究材料來源的「國史」、「實錄」和家傳、碑銘等一些曲筆情況。如《箚記》卷二三〈宋史各傳回護處〉條，就指出《宋史》各傳的回護問題，並由此推論，元朝修《宋史》，度宗以前多本之於宋朝國史、而宋朝國史又多根據各家事狀碑銘編綴成篇，「故是非有不可盡信者」；因爲宋人的家傳、表志、行狀以及言行錄、筆談、遺事之類，流傳在世上的很多，都是子弟門生標榜他們的師父的東西，自然一定揚其善而諱其惡，美其功而隱其罪，宋時修國史的人就根據這些東西立傳，元朝人修史又來不及參互考證，而全都照舊，「無怪乎是非失當」。

在厭惡曲筆和諱飾的同時，趙氏提倡實錄直書。如《箚記》卷六〈後漢書三國志書法不同處〉條，就指出「據事直書」才是史家的「正法」。他甚至在《箚記》卷六〈三國志書法〉條提出「自成一家言」，寄希望於私人修史，說「自左氏、司馬氏以來，作史者皆自成一家言，非如後世官修之書也」。這裡提到後世的官史，自然也包括清朝官修的《明史》。

《箚記》大部分條目是評論歷史得失。所論範圍很廣，包括歷代的政治、經濟、文化、風俗，等等，重點是評論歷代政治。

趙氏論史，往往能抓住自西漢至明末一千八百年間歷史中的一些特點，如對漢代的外戚、宦官、黨禁、經學，魏晋南北朝的門第、九品中正、清談，唐代的女禍、宦官、藩鎭，五代的武人，宋代的弊政、和議，遼金元的用兵，明代的刑獄、朋黨、「流賊」，等等，都有考證和評論。「持論斟酌時勢，不蹈襲前人」（錢大昕：〈廿二史箚記序〉），其中頗有獨自的見解。如《箚記》卷八〈九品中正〉、〈南朝多以寒人掌機要〉，卷一二〈江左世族無功臣〉等條，就論及魏晉南北朝的九品中正之法，經歷幾百年沒有改變，但江左的皇帝都是「素族」出身，一些爲國立功的人也都出於「寒人」，而寒人掌機要，便有了權力，權重則有了勢力。儘管九品中正法未變，然而幾百年間世族與寒族在政治地位上則有上升與下降的變化。

趙氏一再指出，歷代的外戚之患、宦官之禍，權臣妄爲、藩鎮跋扈等問題，要害在於竊據「權」「勢」及圍繞權利的鬥爭。《箚記》卷三〈漢外戚輔政〉、〈兩漢外戚之禍〉等條，指出兩漢外戚「權勢太甚」，王莽篡漢，是因掌權輔政，東漢外戚「覆轍相尋」。《箚記》卷二〇〈唐代宦官之禍〉條，指出宦官之所以作惡施虐，廢立和弑誅皇帝「有同兒戲」，都是由於「掌禁兵，管樞密」，有了實權，積重難返，才「挾制中外」，擺弄君主。《箚記》卷二〇〈唐節度使之禍〉條、卷二二〈五代藩郡皆用武人〉條，指出藩鎮掌握兵權，控制一方，力大勢甚，「遂成尾大不掉之勢」。這些武人不明治道，專鬧分裂割據。《箚記》卷二九〈元諸帝多由大臣擁立〉條，指出大臣權重，肆意妄爲。元代的憲宗、成宗、武宗、仁宗、泰定帝、明帝、文宗等皇帝都是大臣所立，因爲他們「大權在手，莫敢誰何」。這些權臣還割剝百姓，賄賂公行，害民害國，「下凌上替，禍亂相尋」。趙氏還特別指出，權之所在，主要是靠掌軍事，憑武力，西漢外戚輔政，往往當大司馬大將軍，做了軍事首領；唐代宦官爲患，是因爲掌握中央禁軍和外使監軍；藩鎮專制一方，當然是由於擁有大軍；就是大臣妄爲，也因其掌握一定的兵權或得武人的支持。封建社會的政治鬥爭就是爭權奪利，而爭權奪利全賴武力。趙氏論說到這些問題，是有識見的。

論歷代的苛刑濫法，《箚記》中也時有所見，不少條目揭露上自君主，下至鄉官，在爭權奪利過程中橫暴之極，刑獄過濫，株連甚廣。如《箚記》卷二二〈五代濫刑〉條，列舉五代時期刑獄枉濫，「毒痡四海，殃及萬戶」。卷三十二〈胡藍之獄〉條，還著意揭出明太祖爲了保權而屠戮功臣的心迹，藍玉之獄誅及一萬五千人，胡惟庸之獄誅至三萬人，兩次興起大獄，把功臣宿將「一網打盡」。這說明某些封建統治者爲了保權傳家，深怕功臣擅權鬧事，於是「卸磨殺驢」，誅戮功臣。實際上暴露了封建統治者「家天下」的醜惡心靈和權欲本質。還有〈秦檜文字之禍〉、〈明初文字之禍〉等條，論歷史上的文字之禍，以史實指責歷史上的文化專制主義。

政策和吏治的好壞，是趙氏評論政治得失的一個重點。《箚記》卷二五有好幾條談宋代的弊政，舉出恩賞之厚，「薦闢之廣，恩蔭之濫，雜流之猥，祠祿之多」等例，並說「日增月益，遂至不可紀極」。而開支愈大，捐稅愈重，於是「民力既竭，國亦隨亡」。又如《箚記》卷二八〈金考察官吏〉條，論金熙宗始遣使廉察地方長官，時間一長，弊端漸生，「情賄轉甚」，致使產生了「官吏黑漆皮燈籠，奉使來時添一重」的民謠。地方吏治已壞，奉使來者也不是好貨；封建統治就是漆黑一團，哪有什麼光明。

從趙氏論史的大量材料中，可以發現他對古代政治幾乎沒有肯定，多是揭露和指責政治的黑暗腐朽，君臣的爲非作歹，不是盲目歌頌王道樂土，而是深切哀嘆「民之生於是時，何不幸哉」。實際上他已感到歷來政治腐敗而不可救藥。儘管趙氏看不到歷史的出路，但他對歷史的批判往往是著實有力的。

趙氏史論中透露出來的史學思想，主要是天人雜糅的歷史觀，民心向背的成敗論，以及膽怯虛弱的經世思想。《箚記》中不少條目論政治成敗得失，國家興亡盛衰，也談「天道」，也談人事；既講君臣賢愚明暗，也講民心向背，其中有進步的因素，但有很大的侷限性。趙氏在〈箚記小引〉中談寫書的旨意時說：「或以比顧亭林《日知錄》，謂身雖不仕，而其言有小用者，則吾豈敢。」他明言不敢比顧亭林，實是暗示其言有一定用處。他賦詩抒志，有「敢從棋譜論新局，略仿醫經載古方」（《甌北集》卷四一〈再題廿二史箚記〉），「歷歷興衰史冊陳，古方今病輒相尋」（《甌北集》卷四二〈讀史〉）等詩句，顯然是要以史爲鑑，以治時政之病。《箚記》往往有「秦漢以來，以此法枉殺者不知凡幾」（卷一四〈後魏刑殺太過〉條），「後代欽差之弊往往類此」（卷一二〈齊梁台使之害〉條）等等評論歷史而借古諷今的意思。但他始終未曾鮮明地指責清朝，相反地有「民之生於今者，何其幸也」（《箚記》卷三〇〈元代以江南田賜臣下〉條）等頌今之詞。由此可以看出，趙氏膽怯脆弱，只是藉歷史發發牢騷，指責當今還是不敢的。

歲月悠悠，趙翼在專注的撰述生涯中，度過了整整四十個春秋，於嘉慶十九年（西元一八一四年）病逝，終年八十六歲。

錢大昕——以考史著稱的史學家

施　丁

中國史學家很早就認識到對史書進行考異工作的重要性，並寫出了許多不同形式的考史著作。清代乾嘉時期，考史之風盛行，而錢大昕則是這個時期領導風流的人物。

錢大昕，字曉徵，又字及之，號辛楣，又號竹汀，清代江蘇嘉定（今上海市嘉定縣）人。他出生於雍正六年（西元一七二八年）。

乾隆十七年（西元一七五二年），錢氏因經皇帝面試詩賦，頗受賞賜，被任命為內閣中書，進入仕途。乾隆十九年（西元一七五四年），舉進士，進入翰林院，先為庶吉士，後為編修。在朝廷對官吏舉行的大考中一再獲優，因而得到提升，做過右春坊（太子官署）右贊善，翰林院侍講學士，侍讀學士等。多次出爲山東、湖南、浙江等地鄉試的正副主考官。乾隆三十七年（西元一七七二年），升任爲詹事府少詹事（專管太子事務衙門的副長官）。還在上書房供職。後來又出任過河南鄉試主考官、廣東提督學政。乾隆四十年（西元一七七五年），由於父喪的原故，休官回鄉，定居蘇州，不再出外做官。錢氏自二十五歲至四十八歲，做官二十多年，主要是做了一些文化教育工作。

自從休官返鄉以後，錢氏自四十八歲至七十七歲去世，在鄉三十年，竭盡心力於講學和著述，先後主持過鍾山書院、婁東書院、紫陽書院，寫了不少著作。

錢氏一生專心治學，結交很廣，學問淵博，著述甚多。他無論做官，還是講學，總是致力於學問。與當時著名的經學家惠棟、戴震、段玉裁，史學家王鳴盛、邵晋涵、洪亮吉，文學家方苞、姚鼐，校勘學家顧廣圻、黃丕烈，以及喜好學術的達官貴人畢沅、秦蕙田，等等，或過從交遊，或書信往來，討論經史，切磋學術。所以學識淵博，對於釋經、考史、訓詁、音韻、金石、地理、天文、曆算等等都有較深的研究。寫下很多著作，如《廿二史考異》、《十駕齋養新錄》、《元史氏族志》、《元史藝文志》、《四史朔閏考》、《聲類》、《潛研堂金石文跋尾》、《潛研堂文集》、《潛研堂詩集》，等等，後來合編於《潛研堂全集》。還參與編寫過《音韻述微》、《續文獻通考》、《續通志》、《一統志》、《天球圖》等。

在淵博的學問中，錢氏主要的成就是史學。他的史學代表作《廿二史考異》，自年輕時著手寫作，至暮年寫成，六十七歲才付印，可以說是他一生治史的結晶。

《廿二史考異》（以下簡稱《考異》）一百卷，是考證自《史記》至《元史》二十二部正史（不包括《舊五代史》和《明史》）的文字和內容的正誤。列出原書紀、表、志、傳的標題，於標題下寫出所考的原文，然後進行考證。他考證的方法主要是三點：一是取證。匯集大量的材料，主要是紀傳體正史的記載，加上譜牒家乘稗官野史作爲參考，還用一些金石材料作爲佐證，做到言必有據。二是比較。從衆多的材料中，考證一些文字或史實，先排比它們的現象，繼計較彼此的異同，再觀察先後的聯繫，以求歷史的眞實，即他所說的「實事求是」。然後斷定正史記載的眞僞是非。三是專題研究。把材料整理出頭緒來，弄清所要考證的問題，寫成一條專文，如《考異》卷九的《侯國考》即是。

錢氏考史的內容很廣，主要是在官制、地理、氏族和年代等方面。在官制方面，對於秦漢的尙書和中書，唐朝的三省六部；在地理方面，對秦漢的郡國，魏晉的僑置州郡；在氏族方面，對魏晉南北朝的門閥、譜系，遼金元的族、姓，等等，都有詳核的考證。

近世有的學者提到，學史的人和治史的人應當掌握官制、歷史地理、年代等方面的知識，說這是史學工作者不可不掌握的「幾把鑰匙」。看來，幾百年前的錢大昕既已大力考證官制、地理、氏族、年代等，就說明他早已注意這些「鑰匙」了。歷史總是由時、地、人等基本要素構成的，錢氏考證的官制、地理、氏族、年代等內容，就屬於歷史上時、地、人的範疇，儘管史學不等於只是考證這些問題，但是搞清它們，確是治史必做的一些基本的工作，這是搞清歷史本來面目和探索歷史發展規律所不可輕視和忽略的。錢氏在這方面的辛勤勞動和豐碩成果是有價值的，近世有的學者提「幾把鑰匙」也是有一定道理的。至於所謂「鑰匙」的提法是否確切，那可另當別論。

錢氏通過考證，察覺「廿二史」都或多或少有些錯謬，並揭示了修史致誤的原因，這就從考史進而評史了。

他以爲野史小說、墓誌家傳可以作爲修史的參考材料，但採用時不可不加愼擇。《考異》卷七八〈陶節夫傳〉條就指出，《宋史》作者承用志狀之文，「未及刊削」，就是取材不當。

他以爲修史必須掌握和了解歷史典故。《考異》卷二一〈王覽傳〉條指出，《晉書》作者在晉九卿的官名上隨意增了個當時實無的「卿」字；《考異》卷二三〈武帝紀〉條指出，晉時的僑置郡縣實無「南」字，而唐初史臣修《晉書》竟然加上了，鬧了不少笑話。

他很强調主編的才幹和衆人的合作。指出一些官史多自相矛盾，大致是由於唐代設館修史以後，修史不出一人之手，彼此歧異而不相統一。明朝所修的《元史》錯謬百出，關鍵在於主編尸位素餐而「失職」。

他還反對倉促修史，草草了事。指出明朝修的《元史》之所以錯謬多，就在於匆匆忙忙，不到一年寫成。

他主張直書，反對飾美增惡。《考異》卷七九〈李綱傳〉條指出，《宋史》寫李綱多溢美之詞，不是「直筆」。《考異》卷八〇〈史彌遠傳〉條指出，《宋書》作者任意「上下其手」，是無識的表現。

由此可以看出錢氏的史學思想。他是要求史家應當提高學術水平，端正思想品德；應當尊重史實，據事直書，不可飾美增惡。實際上，他是以為官史不如私史，官修不如私修。他對唐宋以來官修的正史多致不滿，尤其是對明修《元史》多所譏刺，《考異》以十五卷的篇幅指摘其錯謬；同時，他著手私修元史，而且已寫完了《元史氏族志》、《元史藝文志》等一部分元史的稿子。這說明他是想用私修的元史，取代明朝官修的《元史》。

錢氏考史，還有「拾遺規過」的意思，所以考證之中也時發議論。只是他「實事求是」，就事論事，不發空論。如《考異》卷五〈老子韓非傳〉條指出，有說《史記》不應當把韓非和老子同傳，「蓋未諭史公微旨」。申韓的學術，他們自言本於老子，實際上不同於老子之旨，司馬遷已明辨之，「言其似同而實異」。這是說明司馬遷之意，而批評說者之非。又如《考異》卷六四〈馮道傳〉條指出，歐陽修的《五代史．馮道傳》上記載馮道之事：「其（周世宗）擊旻也，鄙道（馮道）不以從行，以為太祖山陵使。」這個記載有問題，主要是時間上有出入，馮道為山陵使在二月丁卯，周世宗親征於三月乙酉啓行，即馮道為山陵使在周世宗親征之前，不可能有「鄙道不以從行」的情況；從而發論：「歐公惡道而甚其辭耳。」這是考證《新五代史》記事失實而批評歐陽修言辭過甚。不過，這種論在《考異》中很少，沒有構成一定的特色。

從《考異》等著作來看，錢氏可算是乾嘉史學界中搞歷史考據、博古而不通今的典型。以他為代表的乾嘉學者之所以具有博古傾向，有較為複雜的多方面的原因。除了社會長期較為安定，經濟近乎小康，清廷軟硬兩手政策的影響，考據學發展的趨勢等原因之外，還與學者的學術旨趣和思想情緒有關。錢氏以為，宋明學者「言心性」，故弄玄虛，高談闊論，都只是毫無用處的「清談」(《十駕齋養新錄》卷十八〈清談〉條)。他申明不效法那些「文致小疵,目爲大創」的吹毛求疵者,也不學那些「輒以褒貶自任」的好發議論者;只要「實事求是」,做到「袪疑指瑕」,「拾遺規過」,就稱心願。錢氏從事歷史考據,還由於在清廷高壓政策下,思想上有所反感,產生了消極情緒。他寫的詩透露了這種思想情緒。如,「雲何尚火烈,以民爲草菅。……政寬則得衆,我思魯論言」(〈讀左氏傳〉),及「始知嚴督責,不及法三章」(〈題秦繹山碑拓本〉)的詩句,表達了他主張政寬、反對暴政的思想。「輸與嚴陵客,忘機把竹竿」(〈淮陰釣臺〉)的詩句,惋惜韓信未早日歸隱,以至喪身,流露出了爲了避禍而退隱的思想。「安心眞是藥,省事便成仙。……山妻苦相勸,第一且歸田」(〈病起〉)的詩句,表明歸隱思想占了主導地位。「自適田園興,兼無燕雀喧。耐貧緣省事,避謗獨忘言」(〈自適〉)的詩句,更說明歸隱完全是爲了避免政局中的矛盾和鬥爭。他晚年〈自題像贊〉中「因病得閑,因拙得安,亦仕亦隱,天之幸民」的詩句,重點不在「仕」,而在「隱」,是個棄政弄文的隱士。這種政治上的明哲保身,與他學術上「袪疑取信」的旨趣,是一致的,兩者也可說是相得益彰。錢氏考史的成就與侷限,根因都在於此。

嘉慶九年(西元一八〇四年),這位以考史著稱於世的史學家病逝了,終年七十七歲。

章學誠——識古人大體　重別識心裁

陳其泰

不隨波逐流，走自己的路——這是章學誠一生治史的特色和他成功的眞諦。他生活在我國學術史上很特殊的乾嘉時期。那時，考據之風達到極盛，「家家許鄭，人人賈馬，東漢學爛然如日中天」。風氣所及，考據即學問的目的、學問的全部，捨此別無他求，儼然成爲不可移易的社會觀念，學者們趨之若鶩。唯獨章學誠，以畢生的努力，探索、開闢學術發展的新途徑。他克服了自己資質魯鈍的弱點，忍受著生活上接連不斷的坎坷磨難，特別是，他勇敢地頂住別人視他爲「怪物」、「異類」的巨大壓力，辛勤著述，寫下了乾嘉時期史學的精采篇章。

章學誠字實齋，浙江會稽人，生於乾隆三年（西元一七三八年）。父親章鑣是個進士，好讀書，並注重有自己的見解，對邵廷采（著《思復堂文集》）的學問很推崇，自己則曾删潤五代十國雜史數種，題爲《章氏別本》。這些，都對學誠產生了影響。學誠少時天資魯鈍，又常生病，一日讀書才百十字，就又犯病中止。十四歲那年，父親官湖北應城知縣，學誠隨他到應城。十五六歲時，資質仍然呆滯，卻知道用功，曾拿《左傳》加以删節。父親見了告訴他，這樣對編年之書仍按編年删節，無有創意，不如試一試按紀傳體裁重編一下。於是他在課餘將《左傳》、《國語》的材料打亂，重按紀、傳、表、志的體裁編爲《東周書》，近一百卷。此舉雖屬「少年兒戲之作」，卻使他對辨析史書體例有所領悟，因而影響到一生的治學。二十歲時，曾購吳注《庾開府集》。有「春水望桃花」句，吳注引《月令章句》云：「三月桃花水下。」父親抹掉另加評語：「望桃花於春水之中，神思何其綿邈！」這使學誠頓悟，回視吳注意味索然。從此他更體會到：讀書要「能別出意見，不爲訓詁牢籠。」這一條，乃是他一生治學的宗旨。

這時，父親已經丟官，窮得連回浙江的路費都湊不起，全家只好僑居應城。此後學誠即與貧困結下不解之緣。他曾回憶說：二十歲以前很魯鈍，讀過的書記不住，寫文章不會用虛字。二十一二歲以後才漸漸開竅，經訓他不懂，讀史部書卻有特殊領會，能道出其中得失。他講過史書在紀表志傳外還應有圖，要有史官傳。又因協助父親修《天門縣志》，初步有了自己的修志主張，如：體例上應設紀、譜、考（典制）、傳；應另外整理保存有價值的地方文獻；議立「志乘科」。

二十九歲以前，是學誠探索治學方向的時期，此後，他進人確立治學方向、豐富學術思想的時期。這一年，他在北京向朱筠問學，對他影響最爲重大。朱筠是當時知名學者，數年後開四庫館的盛舉，就是他任安徽學政時奏請開館校書而引起的。聽了學誠的見解，朱筠甚加讚許，鼓勵他「申子之道，任子之天」，必有成就；並勸他科擧時文非君所長，也不足學。大庭廣座之中，學誠議論滔滔不絕，衆賓客相視愕然，朱筠卻微笑欣賞。朱筠的指點，使學誠確立了治學「貴識古人大體」、重「別識心裁」、「辨章學術、考鏡源流」的志向。換言之，他不去效法考據家們作訓詁、制度這些問題的研究，而要從大的方面探求學問的義理、學術的源流。他生活無著，寄居朱筠家，卻得以時常接觸當時的學者名流，閱讀朱筠豐富的藏書，大開了眼界，學問顯著增進。次年，他寫信給族孫章汝楠說，他寫的文章，除朱先生一人外，「朋輩徵逐，不特甘苦無可告語，且未有不視爲怪物、詫爲異類者。」但是他不動搖，因爲他相信：「學者祈向，貴有專屬。」自己應該有自己的方向和志趣。

學誠三十五歲以後，開始撰述《文史通義》，直至晚年，許多篇章都經過反覆修改。還著有《校讎通義》（今存三卷，十八篇），其中有極重要的見解往往與《文史通義》相發明。如〈原道〉篇講古代「官、守、學、業皆出於一，私門無著述文字」，又說「六藝非孔氏之書，乃周官之故典。」也都是《文史通義》中的重要觀點。這一時期，他曾先後主修《和州志》、《永淸縣志》。其中都沒有《文徵》，收集地方文獻。乾隆三十八年（西元一七七三年），他到寧波臺署訪友人馮君弼，遇見戴震。戴震比學誠年長十一歲，當時方是雄視一代的著名學者。他剛主修了《汾州志》，見了學誠的《和州志例》，便說：修志當詳地理沿革，不當奢言文獻。學誠則認爲：「方志如古國史，本非地理專門。……若夫一方文獻，及時不與搜羅，編次不得其法，去取或失其宜，則他日將有放失難稽、湮沒無聞者矣。」二人意見不合。後學誠過杭州，聽說戴震與人談話間痛詆鄭樵《通志》，便撰〈讀《通志》敍書後〉，後改爲〈申鄭〉，肯定鄭樵「發凡起例，絕識曠論。」學誠對戴震還有其他批評，但同時對他又有充分的肯定：「求能深得古人大體，進窺天地之純，惟戴氏可與幾此。」「〈論性〉、〈原善〉諸篇，於天人理氣實有發先人之未發。」

學誠曾五次參加鄉試，三十九歲才中舉人。四十一歲中進士，也未得一官半職。爲了一家生計，他到處奔走，短期謀得書院教職，或主修方志，獲得微薄收入，之後又陷入家無隔夜糧的困境。四十四歲那年（乾隆四十六年，即西元一七八一年），他到河南謀事受挫，歸途中遇盜，狼狽地穿著短葛衣走投同年張維祺。所帶四十四歲以前文稿也蕩然無存。經張維祺介紹，暫時得到清漳書院教席。當時，他一家十五口寄居北京，嗷嗷待哺，冬季將至，寒衣無著，境況十分淒涼。但是，學誠人窮而志彌堅，他的思想仍在學術的殿堂上馳騁。他去訪問邱向閣（同跟朱筠問學），爲邱作《通說》，講：「薄其執一，而捨其性之所近，徒泛騖以求通，則終無所得矣。惟即性之所近，用力之能勉者，因以推微而知著，捨偏而得全，斯古人與通之方也。」這裡講治學要根據自己的特點，發揮自己的長處，把專與博結合起來，正是飽含他一生甘苦的經驗之談。在清漳書院，他對學生循循善誘，讓他們講自己有什麼困惑的問題，有什麼志向，平日讀書感到那一方面是「入識最先程功最易者」。也是用自己的經驗啓發學生揚長避短，選擇最有發展前途的求學門徑。這些內容見於《章氏遺書》《策問》，其中貫串著啓發式的教學方法。

五十歲以後，學誠的學術思想臻於成熟，許多總結性論述都在此後撰成。這一年，他又失去書院講席，全家寄居保定旅店。年底，經友人周震榮介紹，他到開封投河南巡撫畢沅，後來他寫詩追述說：「戟門長揖不知慚，奮書自薦無謙讓」，生活所迫只好如此。畢沅待之頗厚，學誠開始編輯《史籍考》，生活也稍得安定。然而不到一年，畢沅升任湖廣總督，學誠只好打算也到湖北依附他，就將家眷搬到安徽亳州，托知州裴振照顧。次年（乾隆五十四年，即西元一七八九年），他在亳州爲裴振修《亳州志》。春末，曾到太平安徽學政署中小住，二十多天中撰寫了《文史通義》內外二十三篇，一生著述以這段時間爲最快。他尖銳地批評當時學者沉溺於煩瑣考據的風氣，說：「逐時於趨，而誤以襞績補苴爲足盡天地之能事也。」「疲精勞神於經傳子史，而終身無所得於學者，……誤執求智之功力以爲學即在是爾。學與功力實相似而不同。」「指功力以爲學，是猶指秫黍以爲酒也。」（《文史通義・博約》）這些議論，都切中當時學者的弊病。在〈答沈楓墀論學〉中，他在批評當時學者隨波逐流，「不問天質之所近，不求心性之所安，惟逐風氣所趨而徇當世之所尚，勉强爲之」這種毛病的同時，又肯定考據有一定的作用，說：「考索之家，亦不易易，大而《禮》辨郊社，細若《雅》注蟲魚，是亦專門之業，不可忽也。」又說立言之士與專門考索，「二者之於大道，交相爲功。」「學須摭實。今之學者，雖趨風氣，競尚考訂，多非心得，然知求實而不蹈於虛，猶愈於掉虛文而不復知實學也。」他强調功力不等於學問，又認爲考據之功力也是探求「大道」所不可少的，考據家比空談家强得多。他還多次表明他在考據方面不行。這些都說明他並無偏見，而有實事求是的態度。

乾隆五十六至五十七年（西元一七九一——一七九二年），學誠先後撰寫〈史德〉、〈與邵二雲論修宋史書〉、〈書教〉上中下篇、〈方志立三書議〉、〈史學別錄例議〉等重要論文。這些論著最突出的貢獻，是他對兩千年來歷史編撰作了縱貫分析，提出了史書編撰改革的方向。他認爲，史書可以分爲記注和撰述兩大類。「記注欲往事之不忘，撰述欲來者之興起。故記注藏往似智，而撰述知來擬神也。藏往欲其賅備無遺，故體有一定而其德爲方；知來欲其抉擇去取，故例不拘常而其德爲圓。」這是講兩者有不同的特點和要求，記注要求體例明確恰當，可以包容很多材料和知識，撰述要求有別識心裁，靈活運用，以顯示歷史發展的趨勢。他又說，司馬遷創立的體裁，本來是圓而神的。後卻只會因襲而不知變通，以致紀傳體史書成爲科舉之程式，胥吏之簿書，龐雜蕪濫，不可誦識，史才、史識、史學，反過來都成爲史例的奴隸。因此，史書編撰非改革不可，方向就是「仍紀傳之體而參本末之法。」他認爲紀事本末體具有「因事命篇，不爲常格」，「決斷去取，體圓用神」的優點，加以引申、擴充，就可救紀傳體的流弊，開闢新的途徑。（以上引文，均見〈書教下〉、〈與邵二雲論修宋史書〉）這些見解，是對歷史編撰理論的卓越貢獻。邵晋涵評論說：「於前史爲中流砥柱，於後學爲蠶叢開山。」近代章太炎認爲「仍紀傳之體而參本末之法」是「大勢所趨」，並參照這一原則來設想《中國通史》的體例。

學誠在畢沅幕時，主修《湖北通志》，體例很有獨創性。分紀、圖、表、考、政略、傳；傳則將記事和記人貫通起來，另外有《掌故》、《文徵》、《叢談》，與《通志》相輔而行。當時學誠還花費很大精力編《史籍考》，這是一部大書，意圖是仿朱彝尊《經義考》，要將史部典籍區分爲十二類，考其存亡、流傳、版本情況;收集各書序、跋、評論,以概括內容;再加評價。原來分爲一百二十子目,後來學誠合併爲十二類五十七目,計劃成書三百二十五卷,可見費力之巨。乾隆六十年(西元一七九五年),學誠經過四十年顛沛流離,最後遠道回到會稽老家,「葺居僅足容身,器用尚多不給,而累累書函乃爲長物。」儘管如此窮困潦倒,他想到的仍是完成《史籍考》,在向朱筠弟朱珪(兩廣總督)寫信中說:「今則借貸俱竭,典質皆空,萬難再支。祇得沿途托鉢,往來靑、徐、梁、宋之間,惘惘待倘來之館谷……則課誦之下得以心力補《史考》。」其後,得謝啓昆、阮元之力,在杭州續修,但未最後完成,稿也散失。嘉慶三年(西元一七九八年),學誠曾致書錢大昕,冷靜地對自己一生治學的特點作了總結,表明他頂住了當時風氣所趨的巨大壓力,不顧達人顯貴、聰明之士的輕蔑和譏笑,自覺地擔負起糾正學風流弊的時代責任,爲此奮鬥一生。這正是學誠精神可貴之處!他的著述,畢竟預示著學術風氣要出現新變化。

次年發生了一件不小的事,乾隆死,嘉慶責令和珅自殺,這個專橫二十多年、作惡多端的權臣的倒台使人心一振。學誠已是六十二歲的老人,幾十年足跡遍南北,目睹種種社會弊端,心中鬱積著許多不平。至此,這位老先生憤怒了!他一反平日不談政事的習慣,一連寫了〈上執政論時務書〉等六篇文字,抒發他對貪官汚吏殘酷剝削百姓的抗議。他講,「巧取於民」是問題的根源。「設法之弊,非僅傷吏治,亦壞人才。」「和珅用事,上下相蒙,惟事貪婪黷貨,始蠶食,漸至鯨吞,……視萬金呈納不過同於壺簞饋問。」「此輩禍國殃民,今之寇患皆其所釀,今之虧空皆其所開,其罪浮於川陝『敎匪』,駢誅未足蔽辜!」他還痛斥州縣官甘爲督撫的鷹犬,甚至督撫反因納賄而受州縣挾制，整個官僚集團狼狽爲奸、腐朽不堪。這些直斥贓官墨吏的正直言論，反映出當時一些社會問題，這同他勇敢批評學風流弊的精神同樣可貴，不啻是開了後來龔自珍、魏源激烈抨擊時政的先聲。在生命的最後兩年，學誠雙目失明，疾病日侵，猶事著述。嘉慶六年（西元一八〇一年）卒，年六十四歲。臨終前，文稿托蕭山王宗炎校定。

崔述——大膽疑古 嚴謹考證

辛立

有清一代，對於先秦古史的研究，能夠獨闢蹊徑，取得突出成就的學者，應推崔述爲第一人。

崔述，直隸（今河北省）魏縣人（後魏縣廢，併入大名縣，故亦稱大名人），生於乾隆五年（西元一七四〇年）。他的父親崔元森是一位考場上失意的讀書人，受家庭環境影響，崔述從小系統地接受了封建文化教育。乾隆二十八年（西元一七六三年），崔述考中舉人，此後屢試不第；加之家境貧寒，數遭水災，終日爲衣食奔走，無心潛心學術。三十歲時，崔述有意作《考信錄》，但因生活不安定，到四十多歲以後才開始著作。崔述在一生中，除了作過六年福建羅源縣、上杭縣知縣外，一直從事著述。他的一生，基本上是在書齋中度過的。

先秦古史原是一筆糊塗賬。司馬遷作〈五帝本紀〉斷自黃帝，這本是比較實事求是的辦法。可是後人因於戰國秦漢時人之異說，五帝之上又有三皇，黃帝之前又出伏羲、盤古，於是神話傳說與歷史雜揉，糾纏不清。自蜀譙周（作《古史考》，已亡）晋皇甫謐（作《帝王世紀》，已亡）以來，一直到清初馬驌（作《繹史》），年代越往後，搜集材料越多，古史越是眞僞混雜，眞如治絲益紛。崔述力矯其弊，一方面對後起傳說表示懷疑，一方面則對古史記載詳加考證，去僞存眞，考而後信。疑古與考信是一個事物的兩方面，能疑古才能考信，去僞才能存眞。在崔述以前，也有對儒家經典表示懷疑的，但都只對一書或某一方面提出疑難，沒有對全部古史重新加以去僞存眞的考證工作的。一直到清代，崔述才開始做這項工作。

崔述在學術上的成功，在很大程度上得益於家庭教育。他的父親崔元森，宗宋代朱熹之學，反對明末王學之空泛。他鑑於自己在考場上失意的教訓，從小就著手培養兒子的讀書習慣，希望有朝一日，能夠借崔述來「述」自己「明道經世之志」。崔元森的教學方法比較獨特，他一反當時人讀經必須由注疏理解經義的傳統，而是將《十三經》的經和注分開，讓崔述分別對此進行學習。崔述在看注疏之前，必須熟讀經文，以求對「聖人之意」有所理解；然後再讀傳注，以此求證經意。這樣，崔述在其初學經書之時，就避免了以後人之傳注來解經書的弊端，對經書的內容，有了直接的理解。這種學習方法，使他逐步認識到：傳注所言，往往有不盡合於經者；百家所記，往往有與經相悖者。在學習和知識積累的過程中，崔述逐漸培養了一種獨立思考的能力和懷疑精神；形成了將諸種雜說，證之以經的方法。這些方法和精神，崔述一生中受益最多，爲其鑽研古史，打下了堅實的基礎。

崔述讀書很早，在應童子試時，就以出衆的才華得到當時大名知府朱煐（雲南石屏人）的賞識與寵愛。這位知府不僅經常照顧崔元森一家，而且將十六歲的崔述召至府衙內，和他的兒子一起讀書。崔述在朱煐署中度過了八年。在此期間，他不僅讀那些爲了對付科舉考試的所謂「公學」，「而且縱觀海內之書，交遊天下之士，以擴其耳目而開其知識。」（《考信錄·附錄》）這樣，崔述的知識有了進一步的深化和提高。崔述在青少年時代得到朱煐的賞識，並在他的幫助下得到讀書的機會，是他以後能夠完成《考信錄》等著作的重要原因。

乾隆三十四年（西元一七六九年），崔述三十歲，他萌發了著作《考信錄》的志願。著書的目的，是試圖「正僞書之附會，闢衆說之謬誣」；著書的方法，首先是弄清六經及其內容，以此爲準繩，對歷代學者對經書的箋注，有所了解，並求得其思想淵源。崔述深知著述之難，爲此他做了各種準備。爲了使自己的文章能夠準確、清楚地表達思想，他受業於古文學家汪師韓，並熟讀韓愈、柳宗元、歐陽修的文章，在古文上狠下了一番功夫。三十四歲時，崔述開始寫作第一部著作：《春王正月論》（後改名《三代正朔通考》）。他以發展的眼光去認識所謂「三正」，認爲它不是三個朝代，而是不同地方所用的曆法。他突破傳統的看法，創立新的說法，而且有根有據，令人信服。

從崔述自幼隨父親讀書開始，經過青年時代在朱煐府上八年的學習，到三十四歲開始著述，可以看到崔述所宗法的學術傾向：他受其父親的影響，認爲孔孟之道自戰國秦漢以後，發生了變化；「學者專己守殘」，對孔孟的思想沒有眞正理解，以至以謬相傳。這種情況直到南宋，才有所改變，六經之義才得到正確的理解。所以在漢學盛行的乾嘉年間，崔述揚宋學而抑漢學，在北方獨樹一幟。但因爲崔述考古的目的在於衛經，他對宋學也不十分滿意，他認爲，宋、明諸儒「盛談心性，以爲道學，而唐虞三代之事，罕所究心」。這樣，就把宋人加在古人身上的東西剔除了去。所以，崔述在考證古史和經義時，發現經義與傳注互異，則以理解經義爲基礎，比較經和傳注之異同及何以相悖，最後證明傳記注疏之失。這就是說，他不盲從，能夠獨立思考。用他自己的話說，就是有「打破沙鍋紋（問）到底」的精神和「類而輯之，比而察之」的考證方法。以前者作爲出發點，他對六經的傳注，諸子百家、雜說和野史均取分析態度；有了後者，他可以發現後世說經者的謬誤。這些是他作辨僞和考證工作的緣由。

幾年後，崔述著手準備《三代經界通考》的材料，但因父母、弟先後去世，且常爲衣食所困，故未能潛心學問。如此爲憂患死喪所累凡十餘年，到他四十多歲以後，才開始發憤著書。

乾隆四十六年（西元一七八一年），崔述四十二歲，開始寫作《五服異同匯考》，歷時八年才完成這部專著。此書較系統地論證了喪服的沿革與發展。對每一種親屬關係，他先列出古代經書中所載的喪服，然後記載後世的沿革，最後論其得失。這種系統的研究方法，反映了崔述的歷史發展觀。

十年以後，崔述的《洙泗考信錄》的初稿寫成；接著，《補上古考信錄》也脫稿。這是崔述盡畢生精力而爲之的偉大著作的發端。他的初衷，是想排除歷代學者的不經之談，寫一部可靠的孔子傳。但此項工作一經著手，就遇到了許多困難。首先是大量不可靠的材料；其次，要考證孔子，就必然遇到所謂孔子所作或孔子所修的「經」，就聯繫到全部古史和史料的問題。所以，有了一部《洙泗考信錄》，還要從上古開始，把整個先於孔子的歷史，以至後於孔子的儒家思想加以系統的考證，才能達到「考其先後，辨其眞僞」的目的。在接著的十五年中，崔述寫成了《考信錄》三十六卷，並在有生之年中，對它們逐年有所增補。《考信錄》包括崔述對上古、虞、夏、商、周歷史和史辨的考證，對孔子、孟子事迹和思想的考證；它是崔述的代表作。

自古帝王世系，年代最難考核，司馬遷作《史記》，斷自黃帝，黃帝以前棄而不論；秦漢以來學者往往從天地開闢說起，紛如亂絲。崔述從這裡發現，越往後講遠古歷史越長，也越不可信。他認爲，三皇五帝的說法，見於《周禮》這本書；但其所說不統一。對三皇的解釋，諸家各主其見，矛盾重重。從可靠的歷史文獻《尙書》來看，最早的君王是唐虞；到漢代司馬遷作《史記》，最早的帝王就成了黃帝；到蜀譙周、晉皇甫謐的筆下，又推至伏羲氏；再往後，諸家對古史之追溯，則達到天地開闢之初。這種情況反映出這樣的問題：人們對古代了解的越少，對古史的描述越遠久，其傳聞亦越繁多。這在當時眞是大膽的見解，能言人之所不能言。崔述可說是開民國以來疑古派的風氣之先。顧頡剛的「層累地造成的古史」說，即脫胎於此。

崔述認爲，古史之所以眞僞雜亂，主要在於「秦漢以後，漢初諸儒傳經者各有師承，傳聞異詞，不歸於一」。其次是「戰國遊說之士，毫無所因，憑空自造」古史和聖人言語。所以他以爲，「大抵戰國秦漢之書皆難證信，而其所記上古之事，尤多荒謬」。爲此，他劃定了一條界限，對戰國以後記載古史的史料，必須詳加考釋，究其所本；並且不以見於漢人書中的上古事迹，作爲三代之實事。對於西漢末所出的讖緯之學，崔述更是不遺餘力地加以排斥。他認爲，後代人對古史和孔子的追溯，有許多荒誕不可信處；漢儒解釋古代經典，有三分之一是以《七緯》爲根據的。漢末大儒馬融、鄭玄等人，因爲時代所侷限，也崇信讖緯之學，並以之釋經，而此多爲無稽之談。要領悟聖賢言行之眞諦，就必須擯棄後人之謬說，「讖緯之學，學者所斥而不屑道也。」這在乾嘉學派盛行，漢學如日中天的學術空氣中，是非常有膽魄、非常可貴的議論。

崔述考證古史，是和對古書的著作年代及其史料價值聯繫在一起的。在對史料眞僞的考訂方面，他的成績是驚人的。他對古書的考訂方法之一，是從晚出的書中，找到與古代典籍不合之處，判別晚出書的年代，因而斷定其不可信。在這方面，可以他對《儀禮》、《周禮》兩書的考證爲例。他舉出很多證據，證明《儀禮》非周公之書，如書中繁文縟禮，與周公和孔子的思想不類。比如孔子說：「拜下，禮也；今拜上，泰也。」反對升於堂上而拜的禮節。但《儀禮》記載的禮節，則是臣先拜於堂下，君辭之；臣遂升堂而拜。這正是孔子反對的拜上，是違反古禮的。諸如此類不合古代禮節的記載，在《儀禮》一書中比比皆是。因此，崔述斷言，《儀禮》一書反映了春秋以來王室微弱的歷史特徵，「此書之作，當在春秋以後明甚」。

再說《周禮》一書。此書原名《周官》，經鄭康成注，改名爲《周禮》之後，世人都以爲周公所作。崔述舉出許多例證，說明此書是戰國以後的作品，與周制多不合。他說：『據孟子說：『海內之地，方千里者九。』估計當時中國約方三千里。今《周官》封國之制，諸公方五百里，侯方四百里，伯方三百里，子二百里，男百里。天子邦畿之外分九畿，畿每面五百里，通計方萬里。四海之內安得如許地而封之？」他還對古代的賦稅制度進行了考證，他說，「三代取民之制，未有過於十一者也。今《周官》云，遠郊二十而三，甸、梢、縣、都皆無過十二，此非周公之法明矣。」又，「孟子曰：『廛無夫裡之布』，是三代正賦之外，未有絲毫課於民也。今《周官》乃云：『宅不毛者有裡布；民無職事者出夫家之征』，其非周公之法明矣。」正是將《周禮》所記周制與古代可信史料所記周制的對比中，崔述發現了它們的差異和矛盾。從而認爲《周禮》是晚出的書，其所云周制與事實多有出入。所以他在《豐鎬考信錄》卷五講周公政績時，不載作《周官》之事。這些，足見崔述對古史材料，選擇非常之嚴，決不以僞亂眞，這是很可取法的。

寫成《考信錄》後，崔述對其早期著作，像《春王正月論》等，進行了修訂；將《國風鑫測》的內容增廣之，爲《讀風偶識》；寫成《易卦圖說》；並在他的學生陳履和的幫助下，先後將《洙泗考信錄》等書刻版刊行。

崔述對某種專題進行的探討，和《考信錄》一樣，取得了突出的成績。如《易卦圖》中的觀點，與清胡渭的見解不謀而合。其駁《尚書》中僞篇的分析方法和結論，證據確鑿，令人信服，與閻若璩的《尚書古文疏證》可以媲美。又如其辨今本《竹書紀年》之僞，可稱爲其創見，爲後人研究此書開一門徑。對古本《紀年》的價值，也有確當的認識。崔述認爲此書記春秋戰國之事多可信；記上古之事則夾雜神話，多不可信。這是很對的。總之，在辨僞書方面，崔述多能言人所不能言，成績特別突出。

崔述一生所取得的成功，確是令人興嘆的。除了上面提到他的懷疑主義精神和「類而輯之，比而察之」的考證方法外，他還有一種善於使用的方法，即歷史的方法。崔述通過對古人對於某一事物的理解及其發展中，從分析各書之異同中，理出思想演進的次序，從而發現某事物最初的意義和後來的變化。在《經傳禘祀通考》的寫作中，崔述針對「禘祀」這一具體的儀式，依次排列了《春秋經》、《春秋三傳》、《論語》、《大戴禮記》、《詩序》、《禮記》，《說文》、《爾雅》、《大傳》以至鄭玄、王肅等人的不同解說與記述，使人們清楚地看出《春秋》的記載如何發展爲《三傳》的解說，再如何產生出《禮記》等書和諸位經師的詮釋，把「禘祀」在含義的擴充過程中其內容如何膨脹的經過，分析得井然有條。這樣，就清晰地排列出不同時代對這一禮儀節奏的不同認識。

從各個時代不同的文體去認識和鑑別古書，也是崔述常用的一種方法。他說：「唐虞有唐虞之文，三代有三代之文，春秋有春秋之文，戰國秦漢以訖魏晉亦各有其文焉。」所以，「戰國之人稱述三代之事，戰國之風氣也；秦漢之人稱述春秋之事，秦漢之語言也」。「《僞尚書》極力摹唐虞三代之文，終不能脫晋之氣」。歷代學者在閱讀古書時，「因爲先有成見在心，即有可疑，亦必曲解」，這是讀書的最大忌諱。只要對古書取客觀態度，是可以作出公允判斷的。

當然，崔述雖精於考證，也不免有錯，比如他受漢代以後儒者的影響，不承認周公在武王死後，曾經一度稱王。這是受時代侷限，瑕不掩瑜。我們應該向他學習的，是他勇於懷疑，嚴於考證的精神。懷疑是創新的根源，沒有懷疑，就沒有創新。但不能憑主觀看法懷疑一切，那就會犯錯誤。崔述不僅勇於疑古，而且嚴於考證，立說一定要有證據。他說：考證古史和聽訟是同理的，一定要有理、即標準，有證據。無標準不能辨明是非，無證據不能下結論。正因爲崔述既能勇於懷疑，又能考證謹嚴，所以能有創見。

嘉慶二十年（西元一八一五年），崔述七十六歲，他自訂了全集八十八卷總目；第二年，他以七十七歲的高齡謝世。歿後，他的學生陳履和又多次刊行了他的著作。陳履和共爲他刻成書十九種，五十四卷；未刻者尚有十五種，三十四卷，今皆佚亡。

民國初年，顧頡剛先生收集崔氏遺書，包括《考信錄》在內，加以標點，盡十年之力始成，名《崔東壁遺書》西元一九三六年上海亞東圖書館印行，此本今已難得，最近上海古籍出版社去其繁複，重印行世。篇首有顧先生序。今天的學者讀崔氏書，太方便了。

邵晉涵——奧衍蘊蓄　囊括富有

朱仲玉

這是一位在清代史學上有重要貢獻的史學家。

邵晉涵，字二雲，又字與桐，自號南江，浙江餘姚人，生於清乾隆八年（西元一七四三年）。他生來體質瘦弱，左眼生翳，視物不清，看書寫字全靠右眼。但是他天資聰穎，讀書用功。四五歲即知六義四聲，七歲能賦排律五十韻，十二歲能背誦五經。祖父邵向榮很鍾愛他，經常把他帶在身邊，親自教他讀書。

乾隆三十一年（西元一七六六年），晉涵二十三歲，於是年鄉試中式。五年後，中乾隆辛卯（西元一七七一年）科進士，禮部會試得第一，歸班聽候選用。其時，編纂《四庫全書》的工作正在醞釀之中。又過二年，即乾隆三十八年（西元一七七三年）四庫館正式開館，晉涵與周永年、戴震、余集等，都被選入館中，任纂修。他負責史部，凡收入《四庫全書》的史部書，多經他最後校定，並負責起草目錄提要的初稿。次年，晉涵得授翰林院編修，除了仍纂校《四庫全書》外，兼輯《續三通》。

晉涵校書不光考定原書的篇數卷數，文字有無經人篡改等項，並且還特別注意書的價值和原書作者的思想境界與學術淵源，還進而探討其敍事的書法。他認為司馬遷的《史記》敍事多本《左氏春秋》，其義則取諸《公羊春秋》，這眞是一語道破了司馬遷的思想淵源，從而使人能更加清楚地理解《史記》中表達的思想觀點。據此，再去讀《史記》，許多原先不易讀懂的地方，也就容易懂得了。晉涵對范曄的《後漢書》理解也比較深刻，他認為《後漢書》之所以立有許多類傳，是與東漢的時代風尚有密切關係的，並非范曄故意標新立異。比如東漢尚氣節，所以有必要立「獨行」、「黨錮」、「逸民」等類傳；又時風日趨于文，閨門多嘉言懿行，所以要立「文苑」、「列女」等傳；而東漢傳經家衆多，各立門戶，所以要立「儒林傳」。晉涵認為《後漢書》的類傳法對後世史家是有很大影響的，但是多數史家只知簡單地摹仿，沒有很好體會范曄的眞實意圖，所以有些史書的類傳並沒有能很好地反映出時代風尚。對於魏收的《魏書》，晉涵的評論比較公允，他認為對這部史書不能簡單地稱之為「穢史」，其實它也有敍事詳贍的優點，並且別人加在魏收身上的種種指責又多是沒來由的，或者言過於實的，如《魏書》的列傳部分，主要以傳主的事迹有無價值為準則，不以官爵的高低為依據，這就很有道理，並不是魏收有厚此薄彼的意思。

然而，晉涵爲《四庫全書》史部書所寫的目錄提要初稿，後來並沒有全部被採用，多數都被刪改得七零八落，面目全非。這是受清代統治者編纂《四庫全書》的目的決定的，他們認爲沒有必要考論或闡明的內容，就無情地予以刪削掉了。幸虧這些提要初稿保留在晉涵的文集之中，使我們還能見到它的原貌，並從而能了解到晉涵甚爲卓越的史學見解。

晉涵在四庫館任纂修時，還做了一件在史學上有重大意義的事，那就是對《舊五代史》的輯佚和整理。原來，自從歐陽修的《新五代史》問世後，薛居正的《舊五代史》即被冷落在一邊，到金章宗時，更明令不得列《舊五代史》於學官，於是這部史書終遭廢黜而逐漸散佚。元明間，許多人幾乎不知道有《舊五代史》這部史書了。明修《永樂大典》，雖然收錄《舊五代史》，但是《大典》是按韻編排的類書，對原書進行割裂支解後編入，多有字句脫落、意義舛訛的現象，很難從中看清《舊五代史》的全貌。晉涵利用在四庫館工作的便利，就以《永樂大典》中所收的《舊五代史》遺文爲基礎，再廣泛採用《玉海》、《册府元龜》、《太平御覽》、《太平廣記》、《資治通鑑》、《通鑑考異》、《五代會要》、《契丹國志》、《北夢瑣言》、《五代春秋》、《九國志》、《十國春秋》等書，進行輯補和校勘，希冀恢復《舊五代史》的原貌。經過他的長期努力，最後終於在乾隆四十一年（西元一七七六年）他三十三歲時，完成了《舊五代史》的輯佚工作，恢復了原書的十分之八九，使得這部湮沒已久的史書得以重見天日，並於書成後請准得入於二十三史之列。

繼輯佚和整理《舊五代史》之後，晉涵還想改編《宋史》，他認爲《宋史》記載北宋事比較詳細，而對南宋的記載不僅簡略，並且多有謬誤，特別是記宋寧宗時候的慶元黨爭等事，往往褒貶失實。他認爲北宋的事情如果記載失實，還有王稱的《東都事略》可以查考；而南宋的事情記載失實，就沒有一部靠得住的史書可以對勘糾正。因此，他先想參照《東都事略》的格局，取熊克《中興小紀》、李燾《續資治通鑑長編》、李心傳《建炎以來系年要錄》、陳均《中興編年舉要》、劉時學《續宋編年資治通鑑》等書和宋人的筆記爲依據，先纂輯一部《南都事略》，以詞簡事增的手法，編纂南宋史事，初步理清宋史的系統，然後再進一步改編宋代的全史。可是因爲他要做的事情很多，並且在乾隆四十五年（西元一七八〇年）他三十七歲時，被派充任廣西鄉試正考官，一度離開京師，爲朝廷選拔人才出力，所以纂輯《南都事略》和改編《宋史》的想法都沒有能夠實現。

晉涵對於明季史事也很熟悉，並且有濃厚的興趣。他生在浙東，雖然沒有趕上親見劉宗周、黃宗羲等明清之際的浙東先賢，但是他年輕時候的老師劉文蔚和童二樹，都親聆過蕺山、南雷的教誨，在授課之餘，他們都給他講過明季的黨禍緣起、奄寺亂政，以及唐、魯二王建立南明政權的經過，而他自己對於蕺山、南雷所留下來的著作都細心閱讀過，所以每當有人與他談起明季史事，他的見解往往出於正史之外，對人有莫大的啓發。

晉涵對方志也很感興趣，曾應邀爲一些地方修志或審定已經編成的志書，如清代著名志書《八旗通志》的成書，他出過不少力氣。

乾隆五十六年（西元一七九一年）晉涵四十八歲時，朝廷對翰林出身的官員進行大考。晉涵的考試成績很好，遷爲右中允，擢升侍講學士，充文淵閣直閣事日講起居注官，又歷充咸安宮總裁，《萬壽盛典》、《八旗通志》、國史館、《三通》館纂修官，並任國史館提調，兼掌進擬文字。晉涵的記憶力特別强，這對於他從事史學有很大的用處。他在國史館任纂修官時，對館中收貯的數千册先朝史籍都瀏覽過一遍。每當史館總裁問起某一歷史事件時，晋涵能答得出這事在某册第幾頁有記載，拿書翻閱，百不失一，別人聽後都覺得十分神奇。

晋涵生性潔身自好，不肯屈從於位高勢重的權貴，所以顯得有些落落寡合，能夠與他談得來的朋友，只有錢大昕、朱筠、畢沅、汪輝祖、段玉裁、洪亮吉、章學誠等少數也是熱衷於文史之學的學者文士。這些人的年齡多數都比他大得多，是他的前輩，但是他們都很器重他，重視他在學業上的成就。其中章學誠只比他大五歲，兩個人年事相當，關係更爲親密些。章學誠十分關心晋涵改編《宋史》的設想，不斷寫信敦促及早動手，希望他早日完成這一宏偉的計劃。兩位摯友之間的通信，大多數都是圍繞著改編《宋史》交換意見。晋涵給學誠的信中說：宋代士大夫在政治上搞朋黨，在學術上鬧派別，一些理學家又喜歡搞庸俗不堪的語錄。這種種不良風氣自然是十分低下和卑劣的，但是他們爲立身處世所制定下的種種規範，大都出於日常倫理道德的需要，那是未可厚非，不能予以廢棄的。宋代士大夫又大都博學工文，雄出當世，而對於功名利祿和個人出處的辭受進退，又不能沒有要與不要的選擇。這樹一來，天賦的善心喪失了，別的東西還有什麼可說的呢？我認爲這些都應當是著《宋史》的宗旨，在改編《宋史》時是不能忘記的。對於晋涵的這種獨特見解，章學誠聽了不由得對之肅然起敬，佩服他的見解精到而深刻。晋涵對於《宋史》的這些看法，雖然因爲他改編《宋史》的計劃未能實現，沒有能比較集中地體現在他的著作之中，但是後來畢沅邀請一班人纂修《續資治通鑑》，委託晋涵做刪補考定工作，因而他的若干見解得能熔鑄在這部《續資治通鑑》之中。人們稱他於史學「奥衍蘊蓄，囊括富有」（《國朝耆獻類徵初編》卷一三〇），給予很高的評價。

晋涵由於自幼身體瘦弱，到五十來歲時就顯得十分蒼老了，種種疾病不斷地向他襲來，嚴重地影響了他的學術研究。嘉慶元年（西元一七九六年），他終於離開人間，死時才五十四歲。他的著作除了《四庫全書目錄提要史部分纂稿》和輯佚《舊五代史》以外，還有《爾雅正義》二十卷，是專門爲《爾雅》這部「六藝之津梁」的儒家經典做注釋的書；還有《孟子述義》、《穀梁正義》、《韓詩內傳考》，是在趙岐、范寧、王應麟的作品基礎上，做進一步考訂補正工作的；《皇朝大臣謚迹錄》和《方輿金石編目》，是屬於考據方面的作品。又有《輶軒日記》、《南江札記》和《南江詩文稿》，都是他平日零篇散著的結集，其中有不少精彩的文章。

魏源——開一代風氣的愛國史家

陳其泰

魏源一向以近代進步思想家而著名，同時，他又是一位著述豐富的愛國史家。他一生經歷了中國封建社會末世和近代史開端兩個時代。作爲一個歷史家，他以自己敏銳地反映時代脈搏的史學著述，跟前一時期究心於考證的「乾嘉史學」形成鮮明對照。開創了鴉片戰爭時期撰寫當代史、研究邊疆史地的新風氣。

魏源字默深，於清乾隆五十九年（西元一七九四年）出生在湖南邵陽金壇鄉。在他出生的第二年，爆發了貴州苗民起義。又次年，爆發了更大規模的川、楚白蓮教起義，蔓延五省，持續九年之久。當時，魏氏封建家庭已經破產，魏源父親魏邦魯遠在江蘇任巡檢的小職，無力照顧家庭，生活困難。這些，使魏源容易體會下層民衆的疾苦，並且從少年時代起，便呼吸到階級矛盾尖銳、封建統治日益陷入危機的時代氣氛。他自幼刻苦學習，熬夜讀書，怕被母親發覺就用被子遮住燈光，尤其「好讀史」，到處借書誦習。因學習成績優異，十七歲補了縣廩生，在縣內已有名氣，收徒授業，好多學生來跟他學習。

二十歲這年（嘉慶十八年即西元一八一三年），魏源舉拔貢，初到北京。這一年發生了天理教起義，首領林清率衆攻入皇宮，使統治集團一片驚慌。次年，因父邦魯復職入都，魏源又隨他到京。從此，魏源大大擴大了社會見聞和政治視野，並向各方面有名學者問學，對他學識的增長和確定治學方向產生了極大影響。在北京，魏源向胡承珙學習漢儒家法，向姚學塽學習宋明理學，向劉逢祿學習《公羊春秋》，與龔自珍等切磋古文辭。同時注意訪求文獻資料，爲著述作準備。當時魏源勤奮攻讀，曾幾十日足不出門，拔貢座師湯金釗疑他有病去看望時，只見魏源蓬頭垢面，正在趕訂《大學古本》。而對魏源一生治學影響最爲巨大的，是他學習《公羊春秋》採用今文學說。今文經學派具有專講「微言大義」的特點，跟重視制度、訓詁的古文經學派相對立。東漢末年古文經學取得正統地位以後，今文經學長期被視爲「異端」遭到排斥，一千多年中消沉無聞。至清代中葉，今文經學重被莊存與、劉逢祿提起，因而「翻騰一時」。莊、劉治經並不具有進步色彩；到了對社會危機有敏銳感覺的青年知識分子龔自珍、魏源手裡，情形卻迥然不同。龔、魏目睹社會弊病叢生，認識到不改革就沒有出路。他們正需要利用今文經學這種對封建正統學說別樹一幟而又具有儒家經典合法地位的學說，作爲抨擊時政、倡導改革的思想武器。公羊家講「三世說」，認爲歷史是經由據亂世——昇平世——太平世演進。龔、魏運用這種歷史變易觀點大力推演，大聲疾呼封建統治由盛世走向衰世，明確提出在吏治、舉才等方面的改革主張，並猛烈抨擊煩瑣考據是窒息人們頭腦的「無用之學」。魏源提出「氣」、「勢」變化來表述他的歷史觀點，他說：「三代以上，天皆不同今日之天，地皆不同今日之地，人皆不同今日之人，物皆不同今日之物。」天地萬物、人類社會都處在變化之中，所以，「氣化無一息不變者也，其不變者道而已，勢則日變而不可復者也。」「變古愈盡，便民愈甚。」（《魏源集·默觚下·治篇五》）從歷史變化發展有力地論證了改革的必然性。但認爲封建的「道」不變則是其嚴重的侷限性。龔自珍更早地著文抨擊封建專制統治的禍害和官僚集團的腐朽，他的思想對魏源很有影響。他們同向劉逢祿學《公羊春秋》，切磋學問，對於歷史、社會、學術見解一致。共同地爲了沖破煩瑣考據的舊習、開創一代學術新風的這種時代責任感，使他們成爲終生的摯友。龔、魏對近代資產階級改良派影響甚大，他們被並稱爲清中葉今文經學的健將、晚清思想界的先驅。這一時期及其後，魏源還與陶澍、賀長齡及林則徐、姚瑩等交往，這些人都是有作爲的地方官，熟悉實際事務，對於魏源確立「經世思想」、重視考察社會問題很有影響。

魏源於道光二年（西元一八二二年）考中舉人。道光五年（西元一八二五年），他代江蘇布政使賀長齡選輯《皇朝經世文編》，次年完成。這部書，在當時絕大多數學者仍沉醉於考據的情況下，揭出「經世」的旗幟，力圖把人們的注意力引向有關國計民生的現實問題上來。共一二〇卷，分學術、治體、吏政、戶政、禮政、兵政、刑政、工政八類。戶政即經濟方面分量最大，包括理財、養民、賦役、屯墾、八旗生計、農政、倉儲、荒政、漕運、鹽課、榷酤、錢幣等細目。它跟一般史料匯編不同，能在一定程度上反映出自清初至嘉道年間清朝歷史的面貌，反映出魏源考察社會歷史的開闊眼光。魏源友人湯鵬評論說：「默深編次皇朝經世文字，天下事勢瞭如指掌」。此後，以《皇朝經世文二編》、《三編》、《續編》、《新編》爲名的書屢出，至今它仍是研究清史必備的參考書。這一年，魏源與龔自珍又一同參加會試落第，劉逢祿時任考官，力讚二人試卷「經策奧博」，作〈題浙江、湖南二遺卷〉詩，爲二人未被錄取深表惋惜，自此「龔魏」齊名。

道光八年（西元一八二八年），魏源按例出錢捐了個「內閣中書舍人候補」職銜，得以廣泛閱讀內閣所藏檔案、典籍，這是他著《聖武記》的開始。道光十一年，魏源充任兩江總督陶澍的幕府，創議在淮北實行票鹽法，大獲成效。此後魏源定居於揚州絜園。曾匯集明代史料，成《明代食兵二政錄》七十八卷（已佚），旨在用亡明教訓作爲醫治清朝社會危機的「藥石」。

道光二十年（西元一八四〇年），英國侵略者發動鴉片戰爭，進犯我沿海地區。魏源當時寓居南京，倡議抵抗，並應友人邀至寧波軍中訊問英俘安突德。後魏源據其口供寫成《英吉利小記》。次年六月，已被革職派到浙江軍營效力的林則徐又遭處罰，路過京口（今鎮江）時，魏源從揚州趕來見面，兩人「萬感蒼茫」，徹夜長談。林則徐把《四洲志》等資料交給他，囑修《海國圖志》。此年魏源再次到浙江前線任裕謙幕府，參加定海抗戰。道光二十二年（西元一八四二年）八月，清朝統治者向侵略者屈辱投降，簽訂《南京條約》，魏源激於愛國義憤，在這一年秋冬先後完成《聖武記》和《海國圖志》（五十卷本）兩部重要撰述。

《聖武記》是魏源在長期積累材料、探索研究的基礎上，趕在《南京條約》簽訂的同一年完成的，共十四卷，四十餘萬言。他在〈敍〉中說：「荊楚之南，有積感之民焉。……晚僑江淮，海警飆忽，軍問沓至。愾然觸其中之所積，乃盡發其櫝藏」，發憤著成此書。它的產生標志著：乾嘉以來因考據盛行而形成的沉悶局面終於被衝破了。魏源敢於寫清朝當代的歷史，總結歷史經驗爲反抗侵略提供鑑戒，並提出激勵人心、改革弊政、强國禦侮的政治主張。全書內容先記清代開國、平定三藩叛亂、康熙至乾隆間爲鞏固統一而進行的戰爭等事件，後記苗民、白蓮教、天理教等次起義的發生和統治者的鎮壓，從軍事政治史的角度，顯示了清朝從上升走向衰落的過程。這書是第一部探索清代盛衰的著作，並明確提出乾隆末年是由盛到衰的轉折點。說明魏源的歷史變易觀點已向前發展，確實具有考據家們難以相比的歷史觀察力。書中對邊疆民族問題也多有記述。

《海國圖志》五十卷本在這年冬完成。〈敍〉中說：「是書何以作？曰：爲以夷攻夷而作，爲以夷款夷而作，爲師夷長技以制夷而作。」後增爲六十卷，道光二十七年（西元一八四七年）再增爲一百卷。魏源認爲，處在强敵打來、中國戰敗的時刻，最緊迫的要務是富國强兵、抗擊侵略，「此凡有血氣者所宜憤悱，凡有耳目心知者所宜講畫也。」他總結中國戰敗的主要原因，一是統治集團對外國事務昏暗無知，「以通市二百年之國，竟莫知其方向，莫悉其離合」；二是敵人船堅炮利，而中國武器技術落後。因此，要戰勝侵略者，首先要睜開眼睛看世界，了解外國、研究外國。「欲制外夷者，必先悉夷情始。」他廣泛搜求資料，對當時能得到的一些外國人的記載尤爲重視,「鈎稽貫串,創榛闢莽,前驅先路」,編撰成這部當時最詳備的世界史地文獻,提供了國人所極需的外國知識。同時他大力呼籲,爲了戰勝外國侵略者,必須先學習外國的先進技術,「師夷長技以制夷」。他斥責頑固派藉口「奇技淫巧」而盲目排外的錯誤,說:「有用之物,即奇技而非淫巧。」當時他注目的重點在學習軍事技術,即製造輪船槍炮、仿效西方練兵方法整頓軍隊等。但値得注意的是,他還進而提出發展民用工業的主張:「凡有關民用者,皆可於此建之」,如千里鏡、火輪機、自轉碓、千斤秤等;並允許私人設廠製造,「沿海商民,如有願仿設廠局,以造船械,或自用,或出售,聽之。」書中還介紹外國鐵路、銀行等知識。魏源敏銳地反映了時代的脈搏,把「師夷長技以制夷」作爲書中一項突出的指導思想,成爲近代先進的中國人向西方國家尋找眞理的起點。這也說明:魏源的社會改革思想隨著時代的前進,已由封建社會模式內吏治、擧才、漕運、水利等項,開始轉向學習外國的先進事物。對於英國殖民者的侵略本性,魏源也已有初步認識,說它「凡有土有人之處,無不睥睨相度,思朘削其精華。」書中鮮明地表現出反抗侵略的愛國立場,熱情讚揚三元里人民抗英鬥爭,主張利用人民力量打擊敵人,特別是對於中國能在反侵略中取勝和在技術上趕上西方有强烈信心。這一切,表明魏源的思想達到當時所能達到的高度,《海國圖志》無愧是一部愛國主義的先驅名著。此書撰成後風行一時,並遠傳日本,對明治維新產生了影響。

道光二十五年(西元一八四五年)時,魏源五十二歲了,這個當時最有見識的人物才中了進士,這對科擧制度壓抑人才正是一個揭露。隨即發江蘇以知州用,先後任東台知縣、興化知縣,高郵知州。興化地勢低窪，西元一八四九年夏，河水猛漲，魏源日夜督衆固堤，與河員爭持停啓水閘，冒著風險，保住了附近七縣大片將熟稻田，受到民衆感戴。

大約在道光二十三年至二十六年（西元一八四三—西元一八四六年），魏源撰成《道光洋艘征撫記》兩卷，忠實地記載了鴉片戰爭的過程，痛斥侵略者和投降派的罪行，讚揚抵抗派和愛國軍民。當時爲了避禍沒有署名，書成即被廣泛傳抄。魏源究心於邊疆史地之學，編撰《海國圖志》時，已就元代西部疆域撰成一圖四考。後鑑於《元史》「蕪蔓疏漏」，發憤修成《元史新編》九十五卷。這部著作，推動了清中葉以後對邊疆史地和元史的研究。魏源一生的著述和言論，開創了鴉片戰爭時期研究當代史、研究邊疆史地的風氣，在他的影響下，出現了《康輶紀行》（姚瑩）、《瀛環志略》（徐繼畬）、《朔方備乘》（何秋濤）、《夷氛聞記》（梁廷枬）、《中西紀事》（夏燮）等著作。咸豐三年（西元一八五三年），太平軍攻克揚州後，魏源因「遲誤驛報」被清廷革職。咸豐七年（西元一八五七年）卒於杭州。他的著述，還有《書古微》、《詩古微》、《古微堂集》、《古微堂詩集》。

夏燮——「留意時務」的治史特點

陳其泰

夏燮字季理，號謙甫，亦作嗛父。又因慕全祖望（謝山）的史學，別號謝山居士。筆名江山蹇叟。嘉慶五年（西元一八〇〇年）出生於安徽當塗一個書香家庭。父鑾，兄炘、烱，都有相當學問。《清儒學案》卷一五五專爲他們父子兄弟四人立了「心伯學案」，稱「當塗夏氏兄弟，自相師友，各有成就。」夏燮本人是關心國家民族命運、具有鮮明愛國思想的史學家。《清儒學案》說他「研音韻，兼深史學，留意時務，持論宏通。」這「留意時務」正是夏燮治史的主要特點。

夏燮於道光元年（西元一八二一年）中擧人。後任安徽青陽、直隸臨城訓導。鴉片戰爭時，他正在臨城訓導任上。英國野蠻侵略、清朝戰敗簽約的事實使他滿懷愛國義憤，「蒿目增傷，裂眦懷憤。」這一年冬天，《江寧條約》條款剛剛傳出，他就在致友人書中加以痛切的評論。他說：開放五口通商，使侵略者在中國儼然成爲主人。他們「得隴望蜀」，欲壑難塡。「通商碼頭，東南四省一氣聯絡，向則開門揖盜，今且入室操戈矣。」在這裡，他嚴厲地譴責投降派在戰爭中所幹的是「開門揖盜」；現在，由於侵略者在東南四省都有了據點，對中國的威脅更嚴重更深入了！他又說，條約中只訂開放那些通商碼頭，卻不明載不准通商的碼頭。侵略者的本性是「聲東擊西，原不足信」，佔據了南方的碼頭，就會進而要求在北方開放碼頭，「倘援福州之例，於山東索登州碼頭，於直隸索天津碼頭，於遼東索錦州碼頭，則槪將唯命是聽乎！」還有，其他列强垂涎於英國掠奪得到的利益，也會接踵而至，「倘各援英夷之例，亦於濱海各省分設碼頭，亦將唯命是聽乎！」

夏燮對簽訂《南京條約》所作的評論，憂國憂民之情溢於言表，並且他的看法切中肯綮，很有預見性，爲後來事態發展所證實。他撰寫《中西紀事》，是直接受到魏源愛國思想的影響，他說，「是書草創未就，得見同年魏默深中翰（源）所撰《海國圖志》，愛其採摭之博」。從道光二十三年（西元一八四三年）起，他就爲撰寫此書作準備，「搜輯邸抄文報及新聞紙之可據者，錄而存之。」夏燮當時這樣做，跟魏源記述鴉片戰爭史實一樣，是在巨大政治壓力下採取的勇敢行動。那時戰事剛剛過去，投降派首領穆彰阿、耆英內外勾結，狼狽爲奸，處心積慮排擠陷害進步勢力，庇護重用民族敗類。投降派害怕自己的骯髒老底被揭露出來，千方百計箝制社會輿論，因此談論戰事成爲當時的忌諱，會招來殺身滅門之禍。夏燮正是在這種愛國有罪的政治氣氛下，冒著風險收集有關戰爭眞相的資料。他說：「兩相（指穆彰阿、耆英）枋國，防口綦嚴，珍此享帚之藏，竊懷挾書之懼。」（卷首《原敍》）寥寥數語，道出投降派箝制輿論的逼人氣氛和自己懼禍的緊張心情。夏燮著《中西紀事》，揭露投降派罪行，充分表明他的愛國心和作爲歷史家的時代責任感。

道光三十年（西元一八五〇年），道光帝死，咸豐帝登位，穆彰阿、耆英被革職。至此，夏燮把所藏資料整理而成初稿，並寫了《中西紀事原敍》，但當時還未敢刊行，仍秘藏起來。咸豐九年（西元一八五九年），他對初稿作了增訂，「續據十年來所聞見者，合之前定之稿，分類紀敍，釐爲十六卷」，並寫了《次敍》。

在任臨城訓導之後，夏燮又輾轉歷任江西永新、永寧、宜黃知縣。咸豐十年（西元一八六〇年）秋，調入兩江總督曾國藩幕府。時英、法聯軍進攻北京，咸豐帝逃避熱河，夏燮曾隨清軍北上。北京條約簽訂後，他又將罷兵換約前後的奏咨稿案和軍機糧台來往函件編爲「庚申（西元一八六〇年）續記」，再次作了增訂。次年，他回江西供職曾參預長江設關、西士傳教等事。同治四年（西元一八六五年），他再取「庚申」以後史實，作第三次增訂，是爲《中西紀事》定本，共二十四卷。從夏燮開始積累資料到最終成書，前後達二十三年。刊行這部著作，在當時仍然容易招禍，所以夏燮不敢直署眞名，而托名「江上蹇叟」。書初刻印，就被清政府大吏禁毀。同治十年（西元一八七一年），由雲中人（筆名）根據舊本重印，才得流行。

《中西紀事》用紀事本末體，記載鴉片戰爭和第二次鴉片戰爭的史實，是我國較早的近代史著作，也是近代第一部中外關係史專著。前四卷〈通番之始〉、〈猾夏之漸〉、〈互市檔案〉、〈漏卮本末〉，寫鴉片戰爭起因。從卷五〈英人窺邊請撫〉到卷十一〈五口衅端〉，記鴉片戰爭經過。卷十二〈四國合從〉至卷十六〈天津新議續約〉，記載第二次鴉片戰爭經過。卷十七〈長江設關〉至卷二十一〈江楚黜教〉，記侵略者在長江沿岸的活動。卷二十二〈剿撫異同〉、二十三〈管蠡一得〉是作者綜合史實，自抒己見。最後卷二四附〈海疆殉難〉，按時間先後，記載各地殉難者事迹。全書所依據的資料，一是邸抄、奏議；二是當時傳抄的官員來往信札；三是當事人的書信、筆記，如姚瑩〈上閩督論斬夷囚書〉、〈奉逮入都上浙撫劉韻珂書〉，還有作者訪問所獲材料，如通過訪問江西地方官員許應鑅，獲得許祥光在廣東爲義民團練阻止英人進城致英國使臣的信；四是可以據信的西人月報，如卷六〈粤東要撫〉就錄了西人月報十五則。這些材料都是夏燮在艱難條件下長期搜集得到的。作者著述態度嚴肅認眞，如他所說，「瀝血叩心，憂危入告，不避文字之忌，故今悉據實書之，不敢誣亦不敢諱也。」（卷十五〈庚申換約之役〉）

夏燮愛國禦侮的思想感情，突出反映在〈江上議款〉、〈白門原約〉、〈台灣之獄〉、〈粤民義師〉等卷中。他熱烈讚揚抵抗派將領英勇抵抗、爲國死難，憤怒譴責投降派的賣國罪行。他記述吳淞之役的陳化成，「不避風雨寒熱，住居白單布帳房，與士卒同甘苦，五個月中，未嘗離行營半步。」「激勵將士，拊循軍民，冬則踏雪巡營，夏則海潮作時，帳房水深尺許，未嘗一移營就燥地，躬習勞苦，以爲士卒先。」吳淞戰役開始時，英船進犯，陳化成果敢地指揮開炮，擊傷兵船三艘，斃敵三百餘。本來我軍占了上風，將士歡呼踴躍。可是，投降派牛鑑（兩江總督）卻嚇得喪魂失魄，在這關鍵時刻，可恥地帶著援軍逃跑了，致使敵軍迂迴攻上炮台，陳化成力戰死難。夏燮憤怒地寫道：「關軍門（天培）之死，琦相（善）實殺之；裕帥（謙）之死，余步云實殺之；陳軍門（化成）之死，牛督實殺之。」牛鑑「開門揖盜，馴至兵臨城下，俯首莅盟。」侵略者進行要挾時，牛鑑又危言恐嚇說：「形勢萬分危急，呼吸即成事端」，只恐投降太遲，賣國太晚，「牛督之罪，上通於天矣！」而耆（英）、伊（里布）「初到，預存一不敢戰之心，而先入之言，方寸已亂」，更是投降賣國的罪魁！（均見〈江上議款〉）夏燮還譴責統治者屈服於侵略者旨意，處罰抵抗派姚瑩、達洪阿。書中明確記載，道光二十一年（西元一八四一年）八月和二十二年（西元一八四二年）正月，英國侵略者炮船連續進犯台灣港口，遭到福建總兵達洪阿、台灣兵備道姚瑩帶領的台灣軍民奮力殲擊，兩次殲敵百餘名。《南京條約》簽訂後，侵略者反誣被俘者是遭風難民，而台灣鎮道乘危邀功。福建巡撫怡良等人稟承侵略者旨意，憑空捏造達洪阿、姚瑩的罪名，造成冤案，淸廷將二人逮捕入都並革職。夏燮進而揭露了事情的眞相：「台灣之獄，外則耆相主之，內則穆相主之。怡制使（怡良）之查辦此案，竟以『莫須有』三字定讞，固由忌功，並奉政府枋臣指授也。」夏燮憤慨地說：「當日置鎮道於劾典，輒以『恐誤撫夷之局』一語奉爲金鍼！」這更是對最高統治者所奉行的對外投降路線的有力抨擊！（以上見卷十〈台灣之獄〉）

尤其可貴的是，夏燮在書中熱烈地讚揚人民羣衆的反侵略鬥爭。在卷六〈粤東要撫〉中，他記述三元里人民抗英鬥爭說：「（侵略者）取路泥城，過蕭關。三元里人因其淫掠起憤，嘩然爭逐之。於是一時鳴金、揭竿而起者，聯絡一百有三鄉，不戒而集。頃刻間男婦數千人，圍之數重。」在卷十三〈粵民義師〉中，他首尾完整地記述廣東人民用「團練」的自發武裝組織，進行反對英人進廣州城的鬥爭。「團練」具有明確的反侵略目的，同仇敵愾，衆志成城。夏燮說：「道光二十一年夏，粵東義民創夷人於蕭關三元里，遂起團練之師，始自南海，番禺，而香山，新安等縣繼之，紳民喋血，丁壯荷戈，誓與英夷爲不共之仇。「在羣衆高昂鬥爭情緒推動下，愛國紳士一再向地方官員表示：「吾鄉之民，願爲國家效𠝣力，不願從撫也。」「吾粵之民之眈眈者皆在夷矣，若明公投袂一呼，則免杖入保者皆至，何求而不克！」這些話，表達的正是廣東義民共同的反侵略決心。果然，當英船闖入省河、氣焰囂張的關鍵時刻，「省河兩岸義勇呼聲震天，夷酋大懼，乃以罷兵修好請。自此不言入城事。」廣東人民反進城鬥爭取得了勝利。夏燮又特意用兩件事襯托這一勝利：一是寫道光皇帝獲報後，「方悟廣東民情之可用」；二是因此役朝廷對徐廣縉、葉名琛封爵嘉獎，夏燮則一再點明：「然實粵民團練之師，先人而奪之者也。」這是鄭重宣告：眞正建立功勛的是廣東義民！

書中又記載：義民「團練局」於咸豐八年下令凡廣東人在港辦事或雇役者，一律限一月內辭退，給侵略者造成嚴重困難，「夷人爲之大窘」。

夏燮另一重要的史學撰述是《明通鑑》，編年體裁，共一百卷，三百萬字。自稱用二十年精力，「參考羣書，考其異同」而成。此書大約在道光三十年（西元一八五〇年）《中西紀事》初稿完成後即集中力量從事編撰，至同治元年（西元一八六二年）已略具規模，此年有〈與朱蓮洋明經論修「明通鑑」書〉，詳述官修《明史》存在的問題及自己修史主張。又據夏燮好友平步青〈與夏嗛父書三〉（載《樵隱昔寱》卷四）中所說燮爲著此書「覃精五十年」推斷，則夏燮著手編撰的時間還要早得多。《明通鑑》於夏燮任永寧知縣時完成，又於宜黃知縣任上刻印。此書主要特點有二。一，史事翔實，考訂精審，這是夏燮治史的一貫態度。平步青說他「聚書千百種，貫串考訂，卓然成一家之言。」夏燮對「欽定」《明史》並不全信，廣泛用明代野史、筆記及其他私人著作參證，考其異同，並自撰《考異》，說明對不同記載的去取理由。二，他著史主要目的，是總結明代興衰治亂教訓，作爲針砭當時清朝統治內憂外困的藥石。例如，宋濂被謫貶，《明史》不明其原因。夏燮據姚福《青溪暇筆》，記載說：朱元璋觀外國所獻海青馬，令羣臣獻詩，宋濂詩中有「自古戒禽荒」句。「上曰：『朕偶玩之耳，不甚好也。』濂曰：『亦當防微杜漸。』……上不懌而起。」夏燮還批評朱元璋晚年濫施誅戮，「狃於自用」，不聽臣下勸告，種下後患。又如，書中指斥明末貪官殘酷剝削，引用崇禎兵部尚書梁廷棟所說：「今日民窮之故，唯在官貪。」並說貪官加派結果將造成無地非兵，無民非賊，刀劍多於牛犢，阡陌決爲戰場。這些話，正預告了明的滅亡。夏燮在《明通鑑》中要寫出「信史」，總結明亡教訓，同他「留意時務」的愛國思想是一致的。

夏燮於光緒元年（西元一八七五年）卒於宜黃知縣任上。他所著還有《五服釋例》二十卷、《述均》十二卷、校明《陶安學士集》、吳應箕《樓山堂集》、《國朝汪萊算學書》、《校漢書八表》，俱刊行。未刊的還有《明史綱目考證》、《明史考異》、《謝山堂文集》。

張穆——邊疆史地研究的中堅人物

趙儷生

王國維說過，「國初之學大，乾嘉之學精，而道（光）咸（豐）以來之學新」。所謂「大」，就是一力講求「經世濟用」。所謂「精」，就是瑣節考據。所謂「新」，是說納瑣節考據之精，於新形勢下的「經世濟用」之中，以開闢新的學風、新的學術道路。大體說，清朝是中國封建皇朝中版圖最遼闊的，少數民族所佔的比例和地位，比以前任何朝代爲高。可是又逢殖民主義、帝國主義的鯨吞蠶食，處在危亡的境地。所以有志之士，多少要游離開瑣節考據的窄狹軌道，多少要游離開過去以漢族爲主、以中原爲主的老路，眼光注意到西北，注意到蒙、藏及其他歷史上的和現實中的少數民族。這就是王國維所說的「新」的意思之所在。這個學派，至少包括祁韻士、俞正燮、徐松、沈垚、張穆、何秋濤這幾位學者。

張穆，原名瀛暹，字石州，又作碩州（洲），山西平定人。生於清嘉慶十年（西元一八〇五年）。

張穆出生在一個讀書做官的家族。他的祖父張佩芳，是乾隆年間的進士，在安徽做過十六年官，也有著作。父親張敦頤，是嘉慶年間的進士，四十七歲上放福建學政，行至浙江嚴州，暴病而卒。十四歲的張穆跟隨繼母李氏寄居紹興數年，得隨表舅父莫晋（號寶齋）學習。莫寶齋是一位勤勤懇懇、不畏強暴的政務官，也是一位敢於大膽思維的理學家。此外，在山西平定鄰縣的壽陽有個祁家，父親祁韻士因鑄錢局虧空案無辜遣戍新疆；兒子祁雋藻，後來做到大學士，是皇帝的師傅。祁韻士寫過《藩部要略》；遣戍過程中又幫伊犁將軍松筠寫過《新疆總統事略》的二稿（三稿是徐松所寫）。祁家和張家有姻親關係，這對張穆治蒙古、新疆、青海的歷史和地理，一定是帶來影響的。不過張穆生就不羈之性，在一次進場應考的時候，用一把夜壺盛酒帶進考場，被搜身的人搜到，張穆又不服軟，事情鬧大，受到終生不得進科場的處分，故無學銜。平生只好做做幕友，幫人纂輯一些書，如此而已。

張穆二十歲以後，一直住在北京。這時，徐松遣戍六年（往返途程在內共九年），已經返回北京了。大書法家何紹基也住在北京。浙江的寒士沈垚，應徐松之召來北京給他當助手。比張穆大三十歲的俞正燮，也不斷到北京來。青年張穆，不斷到這些人處借書，請教問題，受到薰陶。他們創辦了一個「顧亭林祠堂」，通過紀念活動，開展「經世濟用」之學的新影響。在這種氣氛中，張穆寫了《顧亭林年譜》和《閻百詩年譜》，藉此，把自己的基本功基礎打造得更堅實些。

慢慢，他的興趣轉到對蒙古的研究這方面來。事情是這樣的：祁寯藻想把他父親祁韻士的遺著《藩部要略》重新校訂刊刻，他把這個任務交給了張穆。當初，祁韻士在翰林院時，就感到有對蒙古進行研究的必要，因爲它在少數民族中是個大民族；在歷史上它震動過歐、亞兩大陸；當前，它又是滿洲貴族的歷代姻親，可是，人們對於蒙古社會結構的知識，卻是若明若暗，人們只知道，中原有省、府、州、縣，蒙古地上有「盟」、有「部」、有「旗」，至於這些結構的歷史淵源是什麼，地理方位在哪裡，有的能說出來，有的就說不出來。祁韻士有見於此，先寫一部《蒙古王公傳》。爲了寫成這部書，他根據「實錄」，又翻閱了幸存的「紅本」，結合《皇輿全圖》，鑽研寫成。無辜遣戍回來之後，他又寫了《藩部要略》。當張穆接受這部書的校訂任務時，他感覺到，這中間有個縱的聯繫（歷史的聯繫）和橫的聯繫（地理區劃的衍變）兩個問題。他的心要把橫的聯繫（「盟」「部」「旗」等的地理方位）過細地搞一搞。於是，他寫了他的代表性著作《蒙古游牧記》。

《蒙古游牧記》全書十六卷，分三個部分。第一部分一至六卷，記內蒙古六個盟、二十四個部、四十九個旗的地理（包括自然地理與人文地理）。第二部分七至十卷，記外蒙古喀爾喀四部的地理。第三部分十一至十六卷，記今寧夏、新疆、青海境內的杜爾伯特部、土爾扈特部和和碩特部。在寫這書的過程中，張穆動用了大量文獻，包括二十四史，特別是遼、金、元史，各種稗史，方志，碑碣拓文，康熙、乾隆親自征討後臣僚們寫出的「方略」，以及友人沈垚寫的幾篇考證，等等。連徐松遣戍時「攜開方小册，置指南針」調查的某些內容，也吸收進來了。自從有了這部書，人們對蒙古地面的情況，有了較明確的理解。此書張氏生前並未定稿，卒後由友人何秋濤（願船）帶回福建整理，咸豐九年（西元一八五九年）始刻板行世。這部書的撰成，使他成為這個時期邊疆史地研究的中堅人物。

張穆的又一部代表作，是未完成的《延昌地形志》。寫這部著作的緣起是這樣的：張穆讀北魏酈道元的《水經注》，產生了一種想法：假如能給《水經注》寫出一部「義疏」來，把不精確的弄精確了，把後人不明白的地方弄明白了，那該有多好。他把這一意念告訴俞正燮，俞表示，要搞水經注，先須把《（北）魏書》的《地形志》搞一搞。張穆眞的就去搞魏收寫的《地形志》，但搞來搞去，搞不清楚。徐松也曾對《魏書．地形志》的次序、結構，產生過質疑。後來，張穆用繪出圖來的方法，敲開了疑難的門戶。原來魏收為了取媚於篡魏的高洋政權（北齊），把北魏的地理志改變了模樣。他把重點不寫在平城（大同），不寫在洛陽，而寫在鄴（今臨漳），這樣就把拓跋珪、拓跋燾的事業無形中泯沒了，把元宏遷都改制的業績也無形中泯沒了。這是不符合歷史眞實的。張穆對此，要拔亂反正。他從洛陽寫起，他對洛陽一帶的歷史地理，眞是做了非常精致的考證，顯示了乾嘉考證學的威力。對平城一帶恒、朔諸州的郡縣設置興廢，也盡了極大的努力，何秋濤在進行加工時說，這一部分是張穆「鑿空而成」，「精力盡見於此」。可惜全書未成，並且距離完成尚遠，張穆就在道光二十九年（西元一八四九年）死去了，僅得年四十五歲。雖經何秋濤精心校補，而何氏也是一位三十九歲就死去的人，所以這部書是無法完成的了。精抄稿，現貯藏在北京大學歷史系資料室。

除上述兩種代表作外，還有《月（即「殷」）齋詩文集》，其中包括一些零篇的考證文章和具有自己特點的詩篇。

以祁韻士、徐松爲帶頭人，以張穆、何秋濤爲殿軍，其中包括俞正燮、程思澤、何紹基、戴熙（醇士）、王筠、許瀚、沈垚，其至邵陽的魏源（默深）也經常參與其間，他們無形中形成了一個學術團體。有時，他們到園林中飲宴，沈垚記載說，「天氣晴和，微風散馥，酒酣以往，書扇作畫，哦詩聯句，讀曲蹋歌，極其興之所至」（《落颿樓文集》卷二）。有時他們冬夜討論學術，不覺天明，何紹基記載說，「……酒光燭影方熊熊，論議飆發開我蒙，忽然四座寂無語，天倪道昧相沖融。紙窗夜半明華月，開門飛滿一天雪」（《東洲草堂詩鈔》卷五），這個學術集體的活動情況，於此可見一斑。

黃遵憲——借鏡日本　導引國人

盛邦和

西元一八九六年，正當戊戌變法緊鑼密鼓，即將拉開序幕的時候，梁啓超被一本「海內奇書」深深地吸引了。他細細圈讀了這本書後，忍不住擲筆而起，發出感慨：至今才剛剛了解日本，了解日本之所以强；至今才眞正了解中國，了解中國之所以弱。後來，康有爲也讀到了這部著作，同樣拍案叫好，稱它是一部改革教科書，「所得於政治尤深浩」，値得一讀。

康有爲、梁啓超絕口稱道的這本書，正是近代中國人所寫的第一部日本通史和明治維新史，名揚遐邇的《日本國志》。

《日本國志》的作者是戊戌變法的名將、「新派詩人」、改良派史學家黃遵憲。由於他撰有

《人境廬詩草》，而且是近代詩歌改革運動，「詩界革命」的重要倡導者，因此他歷史學家的聲名常被他的詩名所掩。其實，黃遵憲是「事餘作詩人」，他集主要精力，投入變法運動，努力向西方學習，考察中外歷史的異同，探討國情，求索救國之方。他撰寫的《日本國志》更是在綜述日本古今沿革的基礎上，總結日本明治維新經驗，爲中國開展資產階級變法，描繪藍圖，提供了可貴的「他山之石」。

黃遵憲字公度，廣東嘉應州（今梅州市）人。他生於道光二十八年（西元一八四八年），祖上經營當鋪致富，父親黃鴻藻，清末舉人，做過知府。黃遵憲的家鄉是一座美麗的山城，四周青山環抱，清麗的梅江從城中流過。然而，在黃遵憲出生的時代，這裡早已失去了田園山鄉的寧靜。由於它地處中國東南，因此曾直接感受過鴉片戰爭炮聲的震撼，外國資本主義勢力長驅直入地掃蕩著這個地區。太平天國起義爆發以後，這裡又成了劍戈相向的戰場，黃遵憲隨家到處奔波「避難」。命運把黃遵憲推到歷史激流的前鋒，他心懷隱憂，思索著農民反抗清統治的原因，從此開始重視「時務」，研究「經世之學」。他在一首題爲〈雜感〉的詩中振筆寫道：「我手寫我口，古豈能拘牽」，要求人們擺脫舊制度、舊傳統的束縛，勇於變革求新。他還倡導：「欲爲樹人計，所當師四夷」，主張學習外國，這爲他以後撰寫《日本國志》打下了思想基礎。

光緒二年（西元一八七六年），黃遵憲二十九歲，何如璋出使日本，任他爲參贊，已中舉人的黃遵憲感懷時局，以爲海禁大開「非留心外交，恐難安內」，毅然地放棄了舉業，於翌年乘槎東渡。當時的日本，明治維新方興未艾，正處於資本主義的上升時期。火車疾駛、電報飛傳、憲政初立、政黨紛起，面對這五光十色的新世界，黃遵憲如沐清風，耳目一新。在日本期間，黃遵憲還與中國著名的改良派政論家、香港《循環日報》的主編王韜不期而遇，並很快結成了知友。他們朝夕相處，無所不語，每談到日本改革致强與中國積重難返的形勢，常常酒酣耳熱，愁從中來。

在明治維新與師友的啓迪下，黃遵憲從一個地主階級改革派向資產階級改良派轉化。這時，他開始撰寫《日本雜事詩》，其中以詩作梗概，以注爲鋪敍，撫時感事，不僅記錄了域外風情、異邦景物，更從社會生物的各個側面，詳述了明治維新的現狀。這本書的寫作爲黃遵憲另一部宏篇巨製《日本國志》的起草，作了提綱與基本觀點方面的準備，因此，寫完了《日本雜事詩》之後，黃遵憲便繼續在「使事之暇」投入《日本國志》的資料搜輯與撰寫工作中去。

黃遵憲在日本住了五年，光緒八年（西元一八八二年）任駐美國舊金山總領事，離日抵美。在美國，他進一步受到西方學術思想的影響，堅定了在中國實行變法的想法。同時，他比較日本與美國的政體，感到在中國實行君主立憲制較爲適宜，資產階級改良思想趨於成熟。思想的發展變化，使他心中要求把《日本國志》完成的願望日益强烈起來。光緒十二年（西元一八八六年）駐美使臣鄭玉軒解任，新上任的是張蔭桓，他挽留黃遵憲繼任舊金山總領事。黃遵憲因在日本已草成《日本國志》初稿，感到棄置可惜，於是就推卻了這個職務，回到了家鄉。自此以後，他閉門謝客，專心著述，於次年完成《日本國志》定稿工作。

十九世紀九十年代以後，中國內外交困，改良派在做了大量思想輿論準備工作之後，開始向改良運動最壯闊的一幕——戊戌變法推進。光緒二十一年（西元一八九五年），黃遵憲凝聚八年心血的結晶——《日本國志》刊行問世了。他帶著自己的著作，走訪了康有爲、梁啓超等人，建議效仿日本模式，推行變法。在湖南，他贊助陳寶箴力行新政，設警察局、辦南學會、開時務學堂，時人把湖南與日本在明治維新中發揮了巨大作用的薩摩藩相提並論，加以讚揚。

中國對日本的研究，歷來注意不夠。鴉片戰爭前後，徐松、林則徐、徐繼畬等人開始進行世界史研究，但記日本事疏漏不詳。日本發生明治維新運動後，介紹明治維新的專著，如戴名世《日本風土記》、陳其元《日本近事記》、李圭《環遊地球新錄》、何如璋《使東述略》等始見刊行。然而這些著作的作者，大多只希望在保存原有封建上層建築的基礎上發展中國經濟，企圖從經濟、軍事方面吸取救弊起衰的良方。他們大凡只做日本風土人情及軍事經濟方面的介紹，而對明治維新中一切將導致封建政體崩潰的政治變革，則異口同聲地加以詆斥。如陳其元說：明治維新效法西言，焚書變法，造成「通國不便，人人思亂」。相反，黃遵憲則認爲，日本與我僅一衣帶水之隔，日本記載我國事，積屋充棟，而我國研究日本僅及皮毛。於是他感到十分不安，覺得有責任對明治維新作眞實記錄。在《日本國志·序言》中，黃遵憲更進一步指出，寫作《日本國志》是爲了學習日本「改從西法」的精神，意在「借鏡日本，導引國人」，這些都眞實地反映了黃遵憲撰寫《日本國志》的指導思想。

《日本國志》共五十萬字，分國統、鄰交、天文、地理、職官、食貨、兵、刑法、學術、禮俗、物產、工藝等十二志通記日本自古至今三千年歷史。但以「詳今略古」的筆法，重點敍述明治維新史實。所以，作者自稱這部書是「明治維新史」。黃遵憲在書中，探究了明治維新發生的原因、記載了這場運動的發展經過，介紹了日本明治時代種種新制度。

《日本國志》著重記載了明治維新的起因，指出維新的爆發是由外國資本主義的「開國」、「叩關」引起的。日本在德川幕府統治的二百多年中，奉行閉關政策，處於與世界隔絕的狀態之中。但當世界跨入了近代，一艘艘西方艦艟鐵甲橫衝直撞，闖入了日本海域。西元一八五三年，由美國殖民主義者培理率領的艦隊，直駛日本海港，以裝彈待發的重炮爲後盾，强迫日本簽訂了屈辱的城下之盟。此後，荷蘭、英、法、俄等國也紛紛效尤，與日本訂立一個個「草約」。這就是日本近代史上著名的《黑船事件》。《日本國志》中，黃遵憲對「黑船事件」發生的前因後果作了詳細描述，指出日本武士正是以這次事件爲「國恥」，「憤慨不服，遂創尊王攘夷之説」，逐步開展變法，使日本擺脫亡國危機的。他鳴響警鐘，告誡國民：中國已碰上了比「黑船事件」更危急的形勢，日本臨難知變，中國也應該學習日本，實行維新，從列强困擾中殺出一條生路來。

要維新，要變法，向何處變？由於編寫《日本國志》時，黃遵憲已是一個改良主義者，因此書中對日本明治時代政治制度特別關注，希望中國通過維新變法，像日本一樣，走上資本主義道路。黃遵憲在日本期間，日本全國議會尚未設立，但已出現「府縣會議」，具有議會的性質。黃遵憲在《日本國志》中對「府縣會議」議員的選舉、會議的召開程序一一筆載，不厭其詳，並加評論說，府縣會議制度「公國是而伸民權，意甚美也」又說：「議會者，設法之巧者也」。這些言論恰與中國國內改良派要求在中國設立議會的要求相互呼應。當然，黃遵憲要求建立的，是與日本相同的君主立憲國家，而不是資產階級民主國家。實現「君民共治天下」，是他這時的政治理想。

要建立資本主義國家，必須要有資本主義經濟基礎，爲此，黃遵憲在書中還考察了日本新經濟制度。他說，日本明治政府由於大力扶植私人資本，發展本國民族經濟，從而增强了國家實力。他稱讚日本「民間借區開礦之法」，認爲設立這種制度鼓勵私人開礦、興辦工商業，是益國利民之舉。當時國內洋務派用原有的封建官僚體制舉辦近代工業，經濟效益極差，改良派如鄭觀應等人則主張打破「官商」制度，興辦「民間自主公司」。黃遵憲列舉日本「借區開礦之法」，加以肯定，其實質是對中國洋務思想的批判，對改良思想的贊同。

日本明治政府在發展民族經濟的同時，强調「智力開發」，提高國民文化技術水平，其結果爲日本經濟在短時期內迅速起飛，創造了條件。黃遵憲在《日本國志》中介紹了日本頒布學制，普及教育，選派留學生赴先進國學習，不惜重金推行「文明開化」政策的經過。他還精心設計了一張「列國教育經費支出對照表」，指出日本教育經費支出與美、英、法等國同在世界上名列前茅，是日本教育搞得出色的重要原因，反映了日本對教育的極端重視。他提醒國內注意，當前世界列國的「競爭」，不僅是武力的競爭，也是「學力」的競爭，提高國民文化水平，刻不容緩，是「國力强盛之本」。

《日本國志》除了重點介紹明治維新之外還有其他許多史學特點。如包含有豐富的歷史哲學思想，比嚴復《天演論》更早地宣傳了歷史進化論。他指出，當今之世是「弱肉强食」的世界，隨著歷史的前進，世界演變成了「競爭角逐」的戰場。物競天擇，進取知變者走向强盛，守舊泥古者日趨滅亡。這種理論固然是用達爾文自然進化論生硬地解釋人類歷史前進的原因，從而抹煞了生產鬥爭、階級鬥爭在人類進步史上的特殊意義。但在當時歷史條件下，這種理論畢竟在實際上成爲黃遵憲學習日本，變法求强的理論基礎，畢竟給沉悶的中國思想界帶來空谷足音的生氣，如曉角晨鐘，催人猛醒：爲了避免亡國滅種的厄運，趕快借鏡鄰國，推行變法。

《日本國志》出版之前，中國僅在《史記》、《漢書》等正史中，零星記載過日本古史。部分野史偶然也涉及到日本沿革，但流於荒誕不經。因此，《日本國志》是中國自古以來第一部體大思精的日本通史。黃遵憲編寫《日本國志》之際，日本近代唯一最完整的一部大部頭通史《大日本史》，還沒有出版，其典志部分，「僅成兵、刑二志」，而《日本國志》已用充實的史料，完成了十二志，對日本經濟、政治、文化、禮俗，作了詳細的記載。因此，這部分不僅對中國史學界，即使對日本史學界也作出了重要的貢獻。

黃遵憲在寫作《日本國志》過程中，還廣徵博引，取材十分宏富，例如他爲了弄清日本歷史的來龍去脈，以求眞徵實的可貴精神飽覽了《國史略》、《日本外史》、《大日本史》等日本史籍，看閱了明治政府頒布的「佈告之書」、「官省年報」等條令典章數百冊。他還到民間去訪問老人，口問手錄，記錄了許多第一手資料，充實到自己的著作中去。與中國人所寫的其他日本史著作相比，《日本國志》確實是一部字字徵實的信史，直到今天仍有較高的史料價值。

《日本國志》刊行之後，立即在中國思想界激起了很大的反響。當時正當中國經歷甲午戰敗之後，與日本簽訂《馬關條約》，賠銀二億兩。人們懷著激憤的敵愾之心，迫切希望了解日本國情，因此這本書一行於世，便被士大夫爭相傳閱。社會上一時流行這樣一句話：「《日本國志》一書，可抵銀二萬萬」，意思是說，如果早點讀到《日本國志》，知己知彼，也不至於落得戰敗賠款的結局。

當然，《日本國志》對戊戌變法產生了更重要的影響。康有爲和梁啓超一致指出，《日本國志》於日本政治、人民、土地及「維新變政之由」，條分縷析，啓人深思。戊戌變法期間，康有爲曾研究英、美、法、俄等國歷史，最後贊成以日本明治維新爲模式，發動一場中國式的明治維新——戊戌維新。他模仿黃遵憲撰寫《日本變政考》，親自對日本明治維新作了全面考察，得出中國變法「莫如取鑑日本之維新」的結論。

光緒二十四年（西元一八九八年），在戊戌變法的高潮中，《日本國志》一版再版，一年之內出現「上海圖書集成印書局」、「匯文書局」、「浙江書局」等三種本子。翁同龢讀了《日本國志》非常讚賞其中的觀點。光緒帝也命樞臣進《日本國志》，「繼再索一部」。據學者考證，光緒在百日維新中頒行的詔令，有關經濟、行政、文化、教育與軍事方面的改革，與黃遵憲《日本國志》所記明治新政，「一般無異」。一部歷史書，能於一代政治潮流激起如此軒然大波，這在中、外史學史上都是罕見的。

總之，近代中國人對世界史的研究經歷著從記述域外風土人情，進到對西方科學技術的介紹，再轉入對資本主義政治經濟制度的研究這樣一個過程。黃遵憲撰寫《日本國志》著重研究資本主義政治制度，提出君主立憲的改革思想，把中國資產階級世界史研究的水平，提高到新階段。他爲改革現狀而借鏡東鄰；他通過歷史研究爲中國航船的前進測繪海圖；他把史學熔於現實之爐而使其熠熠生輝。這一切都說明黃遵憲應作爲中國近代愛國主義史學家被載入史册。

當然，黃遵憲史學也有其不足之處。如黃遵憲對明治維新資產階級革命的性質認識不清，視其爲一場不流血的溫和改良，因而對戊辰戰爭等歷次新舊勢力的武力交鋒皆略記不詳。他對人民羣衆在維新運動中的作用也視而不見，而一味褒揚少數「功臣豪傑」的「奇蹟壯舉」。另外，他雖然總結日本經驗，但無法看清中國的實際國情，因而也無法分辨「明治新政」於中國，哪些可行，哪些不可行。這些，實際上反映了中國改良派的普遍思想弱點。由於中國改良派囿於時代及階級的侷限，無法自行克服這些致命弱點，由於受中國半殖民、半封建社會具體國情的制約，他們最終未能使中國通過黃遵憲指出的「日本道路」走向資本主義。

戊戌政變後，黃遵憲被清廷革職遣還鄉里，「永不敍用」。家居期間，黃遵憲沒有心灰意冷，就此息影林下，他繼續念念不忘引鑑日本經驗，改造中國。他與在東京辦《新民叢報》的梁啓超時通書札，時時了解日本情況，對照中國，總結戊戌變法失敗的教訓。他還派自己的門生弟子赴日考察、留學，叮囑他們學成後回來報效國家。西元一九〇五年，黃遵憲懷著未遂改革之志的滿腔遺恨，告別人世。

黃遵憲一生著述有《日本雜事詩》、《日本國志》、《人境廬詩草》，及未刊信札文稿二百餘篇。其中，《日本國志》是他最重要的史學力作，反映了他許多寶貴的史學思想。

梁啓超——「新史學」及其多變性

吳懷祺

他的「學問欲」極强，在文、史、哲等各個領域內都留下探索者的足跡，但他有的研究是務廣而疏，淺嘗輒止。他的筆端常帶情感，寫出的文字如狂飆、驟雨，敲打人們的心，促使人們對歷史和現實思考，而他自己在追求中迷惘、動搖乃至倒退。他，梁啓超爲中國資產階級史學的發展做了多方面的工作，提出進步的史學理論，可是到了晚年他又否定了原來的主張。

梁啓超字卓如，號任公，廣東新會人。清同治十二年（西元一八七三年）出生於新會縣能子鄉茶坑村。梁啓超四、五歲時從祖父讀《四子書》、《詩經》。祖父經常向他講古代豪傑哲人的嘉言懿行，用宋末、明末有民族氣節的人物的事迹教育他，梁啓超六歲跟隨父親學習中國略史和《五經》，十二歲讀了張之洞的《書目答問》一書後，開始明白舊學的學問，十三歲喜愛文字訓詁方面的知識。十五歲，他在「學海堂」讀書，專心鑽研訓詁詞章的學問。光緒十五年（西元一八八九年），廣東鄉試，梁啓超中舉人第八名。次年，梁啓超入京會試下第，取道由上海回廣東時，買到了《瀛環志略》等書，讀了這些書，對「五大洲」世界大事才逐漸有了了解。這一年，梁啓超結識了康有爲。康有爲的維新變革思想，震撼了梁啓超的青年學子之心，認識到專心鑽研訓詁詞章之學是不行的，他的思想發生了變化。康有爲對封建舊學是「更端駁詰，悉擧而摧陷廓清之」。他聽了康有爲「如大海潮音」的一番宏論後，感覺是「冷水澆頭，當頭一棒，一旦盡失其故壘，惘然不知所從事，且驚且喜，且怨且艾，且疑且懼」。（《三十自述》）此後，梁啓超師事康有爲，康有爲教以陸、王心學和史學、西學的概況。第二年，康有爲設教於萬木草堂，梁啓超跟隨學習，他說：「一生學問之得力，皆在此年。」萬木草堂聚集了一批維新的知識分子，康有爲的《新學僞經考》等鼓吹變革思想等著作在梁啓超等人的幫助下相繼撰就。

十九世紀末，帝國主義掀起瓜分中國的狂潮，甲午戰後，《馬關條約》簽訂，中國民族危機加深。光緒二十一年（西元一八九五年），梁啓超入京會試。康有爲、梁啓超一同聯合各省擧人上書，請求變法維新，這就是有名的「公車上書」。梁啓超成了變法活動的領袖人物之一。光緒二十四年（西元一八九八年），「百日維新」失敗後，梁啓超東渡日本。

梁啓超在日本接觸了西方資產階級的學術文化，使他的眼界更開闊了，他擺脫了萬木草堂的思維模式。梁啓超研究了亞里士多德、孟德斯鳩、達爾文、邊沁等人的學說，介紹西方的歷史和歷史學，寫出西方資本主義國家歷史上積極改革的人物傳記。他創辦的《新民叢報》是他們從事宣傳的工具。二十世紀最初幾年是梁啓超一生學術活動最有生氣的時期。光緒二十七年至二十八年（西元一九〇一—西元一九〇二年），梁啓超寫出的〈中國史敍論〉、〈新史學〉兩篇文章是當時中國資產階級新史學思潮的代表著作。梁啓超在這兩篇文章及其它的一些文章中對封建史學進行了猛烈的批判，提出了進步的資產階級史學理論。梁啓超成爲中國資產階級史學理論的創立者。

在《新史學》一文中，梁啓超提出「史界革命」的口號，反映了中國資產階級對封建史學批判和要求建立自己史學體系的願望。梁啓超對支配中國封建史學的循環史觀進行了批判，他說歷史發展是螺線狀向前的，不是作圓狀的循環，孟子宣傳歷史運動是一治一亂的循環是「蓋於螺線狀所迷，而誤以爲圓狀，未嘗綜觀自有人類以來萬數千年之大勢，而察其眞方向之所在，徒觀一小時代之或進，或退、或漲、或落，遂以爲歷史之實狀如是耳。」

梁啓超揭露封建史學的本質。封建史書反映出來的「正統論」觀點，就是「當代君臣自私本國也。」正統論是說「天下不可一日無君」「天無二日，民無二主」。梁啓超說，要論「正統」，應當「明天下爲天下人之天下，而非一姓所得私有」。另外，封建史書都有一種貴族性，無論哪一家、哪一種體例的史書都有這種貴族性，這些史書的讀客是貴族一類的特別階級，其效果是「助成國民性之畸形發達。」培養人具有奴隸性。梁啓超具體說明了封建史學有四弊二病。一是「知有朝廷而不知有國家」，「二十四史」不過是「二十四姓之家譜」，二是「知有個人而不知有羣體」，一篇篇本紀列傳「如海岸之石，亂堆錯落」、「合無數之墓誌銘而成者耳。」三是「知有陳迹而不知有今務」，這樣的史書只能爲「若干之陳死人作紀念碑」，「爲若干之過去事作歌舞劇」。四是「知有事實而不知有理想」，那些汗牛充棟的史書「如蠟人院之偶像，毫無生氣」。封建史學二病是「能鋪敍不能別裁」，「能因襲而不能創作」。這些看法，未必十分恰當，但鋒芒之犀利則前所未有。

梁啓超提出歷史發展「公理公例」的理論，他說：「歷史者，敍述人羣進化之現象而求得其公理公例者也」，「是故善爲史者，必研究人羣進化之現象，而求得其公理公例之所在，於是有所謂歷史哲學者出焉」（以上所引，均見《新史學》）。梁啓超指出歷史發展公理公例，還不是社會歷史內部運動必然性的表述，但在二十世紀初年，西方資產階級學者竭力否定歷史發展有必然規律時，梁啓超提出歷史公理公例的理論是進步的。這種歷史公理公例的歷史哲學是他新史學理論的基石。

在政治上，梁啓超堅持他的保皇立場，是保皇黨的代表人物之一。他反對資產階級民主革命。辛亥革命以後，他出任過袁世凱政府的司法總長、幣制總裁等職，也策動過反對袁世凱的活動。梁啓超在段祺瑞軍閥政府任財政部長。梁啓超學術上生機勃勃的表現不過是曇花一現，轉眼即逝，他在反覆動搖中向後倒退。

西元一九一八年十二月梁啓超同丁文江、張君勱等人遊歷了歐洲的英、法、比、荷、瑞士、意、德等國。面對歐洲無產階級革命的風暴，梁啓超在《歐游心影節錄》中說他感受到社會人心「陷入懷疑、沉悶、畏懼之中，好像失了羅針的海船，遇著風，遇著霧，不知前途怎生是好。」

（《歐遊心影節錄》）

西元一九二〇年三月，梁啓超回到上海。回國以後他相當活躍，寫文章，作講演，闡明他的政治觀點和學術觀點。西元一九二五年，梁啓超主持清華大學研究院事。

梁啓超在史學研究上有相當多的成果。對學術史，特別是對清代學術史的研究，他做的工作相當突出，其中主要著作有《清代學術概論》、《中國近三百年學術史》等。這些著作從思潮流變上把握學術史變遷大勢。梁啓超推崇晚明、清初的史學，分析顧炎武、黃宗羲、王夫之等學者在開學風、開治學方法，開學術門類上所作的貢獻。對於乾嘉考據學，梁啓超肯定了乾嘉諸老的研究方法和在搜集資料、鑑別資料、整理資料上作的工作，同時也指出考據學者「摭拾叢殘以自足」等毛病。梁啓超指出清末學界活力中樞轉移到了「外來思想吸收上」，但這一時期學術是「混雜」和「膚淺」。此外，梁啓超寫了不少研究先秦諸子、研究宗教的文章。

在歷史方法論的研究上，梁啓超寫的著作有《中國歷史研究法》、《中國歷史研究法補編》、《歷史統計學》等。這些著作論述了史料的種類、採集、別擇、辨僞、分類、排比的方法。梁啓超指出，史料考訂很重要，但不是史學工作的目的，考訂史料是爲史學概括作準備。梁啓超介紹西方學者在研究中採用的比較統計法，說，用這種方法「編成抽象的史料，則史之面目一新矣。」梁啓超說的歷史研究方法對後人治史有啓發，但應該看到這些方法還不是辨證的治史方法論，因此它的作用是有限的。此外，他爲倡導和撰寫通史做了大量的工作。

梁啓超在這一個時期把西方資產階級學者如李卡爾特、柏格森、羅素等人的觀點吸收過來，加上佛學、陸、王心學等混合起來，構成他晚年的史學思想。梁啓超晚年的史學觀點基本否定了他提出過的新史學理論。

第一，他重新拾起歷史循環論，否認歷史是進化的。梁啓超說歷史循環論是代表舊史家的共同觀念，和他所信奉的進化主義不相容，因此狠狠批駁過這種觀點，「但是近來我也不敢十分堅持了，我們平心一看，幾千年中國歷史，是不是一治一亂的在那裡循環？何止中國，全世界只怕也是如此。」（〈研究文化史的幾個重要問題〉）

第二，認爲歷史發展過程中沒有規律可尋。他在〈新史學〉中提出歷史發展公理公例，後來不提了。西元一九二二年梁啓超在《中國歷史研究法》中說歷史過程中有因果聯繫，寫歷史是要求歷史的因果關係。而所謂因果關係和佛學中的「一報一應的連續」是一樣的意思。在〈研究文化史的幾個重要問題〉中，梁啓超「懺悔」過去不應該用因果論給史學「裝門面」，他說對自然科學可以談因果律，歷史是文化現象，談因果「非惟不必，亦且不可」。歷史現象是「一趟過」，「自古及今，從沒有同鑄一型的史跡。」（同上）在〈什麼是文化〉一文中說歷史發展前途是任何人也猜不著的，「絕對不受因果律之束縛限制。」（〈什麼是文化〉）

第三，梁啓超認爲歷史史跡是「人類心理所構成」。歷史的發動是「人類心力」發展的功能。

梁啓超晚年反對中國共產黨領導下的人民革命，反對馬克思主義在中國廣泛傳播，他和丁文江、張君勱是資產階級哲學上玄學派的代表人物。

從梁啓超一生學術活動來看，西方資產階級學術觀點對他影響很大，在不同的歷史條件下，梁啓超吸收什麼樣的理論是受到他的階級立場支配著。他曾想創造一個中國資產階級的學術體系，即他所說的「不中不西，即中即西」的文化，但時代和階級的條件都不允許他建立這樣體系，他說過，他要創造「不中不西，即中即西」的新學派，「已爲時代所不容，蓋固有之舊思想，既根深固蒂，而外來之新思想，又來源淺觳，汲而易竭，其支絀滅裂，固宜然矣」（《清代學術概論》）。梁啓超學術活動經歷的斑駁色彩和對西方文化「梁啓超式輸入」的結果是值得人們深長思之的。

西元一九二九年一月九日梁啓超在北京去世，臨終前，他抱病撰寫《辛稼軒年譜》。

王國維——以近代方法治史的先驅

彭林

王國維，字靜安，一字伯隅，號觀堂，是近代中國著名的史學大師。他學貫中西，著述宏富，對甲骨金文、殷周制度、漢晋簡牘、敦煌寫經、金石封泥、宋元戲曲以至所謂「四裔」之學（西北史地、突厥史料、蒙古史料等），都有深邃的造詣和劃時代的貢獻，從而獨步於史壇，爲中外學者所敬仰。

王國維於清光緒三年（西元一八七七年）生於浙江海寧城內雙仁巷。少年時代的王國維是很淒苦的，父親王乃譽常年在外經商，他四歲時母親就去世了，只有一個比他長五歲的姐姐相伴，因此從小「體素羸弱，性復憂鬱」。

七歲那年王國維入私塾，十六歲考取秀才。這一年，偶然在友人處得見《漢書》，眼界大開，之後用自己從小積蓄的錢在杭州書肆買了《史記》、《漢書》、《後漢書》、《三國志》等前四史，認眞研讀，是爲「平生讀書之始」。

西元一八九四年甲午中日戰爭爆發，接著，《馬關條約》簽訂，康有爲、梁啓超在北京發動維新救亡運動。在這山河破碎、國勢危殆之時，西方的新學、新思想潮水般地湧向中國。爲了救國，成千上萬立志向西方學習的先進知識分子出洋留學考察。王國維也想發憤新學，以圖報國，但是「家貧不能以資供遊學，居恆怏怏」（〈自序〉）。

西元一八九八年，一心嚮往新學的王國維來到了上海，先在康梁派的《時務報》當書記、校對，後來到羅振玉辦的東文學社半工半讀，學習了英文、日文等學科。西元一九〇一年，在羅振玉的幫助下赴日本，到東京物理學校留學。次年從日本回國，先後在南通、蘇州師範學堂講授哲學、心理學、社會學等課，同時潛心研究叔本華、尼采思想和德意志唯心主義哲學，後又轉向文學和戲曲的研究。

西元一九〇六年，他在學部（即後來的教育部）任總務司行走，後來在北京圖書館任編譯等職，直到辛亥革命止。

西元一九一二年，王國維隨羅振玉東渡日本後，致力於中國古代史料、古器物、古文字學、音韻學的考訂和研究。羅振玉說他「自是盡棄前學，專治經史，日讀注疏盡數卷，又旁治古文字聲韻之學」（〈觀堂集林序〉）。

十九世紀末二十世紀初，是中國考古學的興起時代，殷墟甲骨文、敦煌及羅布淖爾等地的漢晉木簡、莫高窟的六朝及唐人寫本等舉世震驚的文化瑰寶相繼被發現，中外學者競相研究，出現了「甲骨學」、「敦煌學」等新興學科，王國維欣喜地稱之爲「自來未有能比」的「發見時代」。他用近代的科學方法深入地研究了這些具有很高學術價值的材料。他突破了以往學者「以經證經」和在注疏傳箋中搞學問的框框，第一個把地下出土材料運用於歷史制度的系統研究，用它來驗證和豐富史籍，反過來再用史籍來研究地下實物，創立了著名的「二重證據法」，使研究越來越深入，越來越有科學性。在史學研究中作出了劃時代的貢獻，被人們譽爲「新史學的開山」（郭沫若《中國古代社會研究．序》）。

王國維是甲骨學的奠基人。殷墟甲骨發現以前，人們對殷代社會的認識是極其模糊的，因爲有關殷商的材料實在太少。《尚書》中的〈商書〉，比較可信的只有〈盤庚〉等篇，加起來還不到兩千字；《詩經》、《左傳》、《國語》中也只有一些無法連綴的片言隻語，無怪乎孔子生前有於殷禮「文獻不足徵」之嘆。司馬遷的〈殷本紀〉雖不足三千字，但記載了完整的殷代世系，堪稱是當時最詳備的殷代史。然而不少學者懷疑〈殷本紀〉的可靠性，因爲確實沒有資料可資佐證，有的學者甚至認爲夏殷都是「傳說中的時代」。西元一九一七年王國維發表了著名的《殷卜辭中所見先公先王考》和《續考》。他首先考證出卜辭中的夒先釋爲夋，後釋爲嚳，說他是帝嚳，契的父親，「殷人所自出之帝」[1]。接著又引《山海經》、《竹書紀年》、《天問》、《世本》、《呂覽》等書，考證出卜辭中的殷的先世王亥，以及相土、季、王恒、上甲、大乙等二十一個先公先王之名，從而從甲骨卜辭中把殷王世系剔出來，它與〈殷本紀〉所載是基本一致的，這就有力地證明了〈殷本紀〉大體上是信史，殷朝的存在是無可置疑的。王國維還根據甲骨文糾正了〈殷本紀〉的錯誤，如先公上甲之後的位次，應是報乙、報丙、報丁，〈殷本紀〉誤作報乙、報丁、報丙；中宗是祖乙而被誤爲大戊；武乙之子是文丁而非大丁，等等。在研究中，他還第一次將兩片破碎的甲骨綴合（《殷墟書契後編》）一片、《戩壽堂所藏殷虛卜辭》一片），考訂出「上甲六示」世次，開甲骨綴合之先河。他又根據《殷虛書契後編》上卷二十頁第九片卜辭中有父甲、父庚、父辛的稱謂，推定這是殷王武丁對他的父輩陽甲、盤庚、小辛的稱謂，因而推定這是一片武丁時代的卜辭，甲骨斷代研究由此而發軔，後來董作賓提出甲骨斷代的十項標準，就是得到王國維的啓發。

王國維在甲骨文字的考釋上，功力是相當精深的，但他很少爲詮釋文字而詮釋，而是在研究禮儀制度、先公先王、古地理等問題時，爲解決問題的關鍵所在而詮釋文字，因此他所釋的字雖不多，卻有特殊貢獻。比如他釋讀了早期甲骨中的「王」字，這對於認識甲骨的性質是至關重要的；他釋讀了「旬」字，使人們認識了爲數極多的卜旬卜辭；他釋讀了「土」字，並指出假借爲「社」字，提供了研究古代禮俗的新材料，學者們據此而發現了卜辭中的「亳社」，爲研究殷代都邑提供了重要線索。王國維的這些論斷，經過長期檢驗，證明是符合歷史實際的「不易之論」。由於他的重大貢獻，殷墟甲骨的史料價值才舉世公認，甲骨學才眞正成爲一門獨立的學科。因爲羅振玉在甲骨的搜集、拓布、流傳方面有很大功勞，所以後人稱甲骨學爲「羅王之學」。

在金文研究方面，王國維也取得了卓越的成就。他把西洋人「無往而不用」的「綜括與分析之二法」運用於學術研究，對北宋以來金石家所著錄的鐘鼎彝器進行科學的整理、考訂和研究，撰寫了《宋代金文著錄表》、《國朝金文著錄表》、《兩周金石文韻讀》、《兩漢金石文韻讀》等著作。他還發表了〈生霸死霸考〉、〈明堂廟寢通考〉、〈鬲三句兵跋〉、〈散氏盤跋〉、〈攻吳王夫差鑑跋〉、〈王子嬰次盧跋〉、〈戰國時秦用籀文六國用古文說〉等膾炙人口的名篇，對殷周的歷法、禮制、地理、名物等進行精密的考證，或補充史籍之闕漏，或發前人所未發。如傳世青銅禮器的名稱，都是宋人根據器身銘文來定的，如鐘、鼎、鬲、甗、簠、簋、盉、匜等。但是有些器物的名稱在銘文中找不到，如斝、爵、兕觥等，宋人不能分辨，就把它們歸到別的器物裡去了，千百年來就一直這樣以訛傳訛地沿習下來。王國維作〈說觥〉，指出宋人命名爲匜的器物，實際上包含有兩種，一種器淺而無蓋，另一種器深而有牛首形之蓋。他從器的形制、銘文、用途、古音等方面考定後一類就是兕觥，而阮元指爲兕觥的幾件都是角。他在〈說斝〉中，列舉大量證據，證成羅振玉之說，文獻中的「散」字都是「斝」字的訛寫。他的〈說彝〉一文，論證了彝即敦，匡正了宋《博古圖》以來的「千載之誤」。他的〈說盉〉一文，糾正了《說文》說盉是調味器的錯誤，指出盉是「和水於酒之器，所以節酒之厚薄者」。這些文章立論堅實，信而有據，顯示了作者深厚的功力和卓越的識見。

西元一九〇七年，英間諜匈牙利人斯坦因竄入我國新疆、敦煌一帶，發現了數以千計的漢晋木簡，全部掠回歐洲。西元一九一三年，王國維和羅振玉根據法國人沙畹的書稿，進行整理和考訂，撰成《流沙墜簡》一書，對木簡的年代以及當年西北邊陲的烽燧、古道、城郭、邊塞、職方等進行了詳密的研究，後來王國維又寫了《敦煌所出漢簡跋》等文，這些著述在我國的西北史地和簡牘研究中都有開創之功。

王國維在蒙古史研究方面，有鑿空之功。司馬遷在《史記·匈奴列傳》中說匈奴的祖先是「夏后氏之苗裔」，他含渾地把匈奴稱爲「戎」、「狄」、「胡」，這些名稱與文獻中出現的鬼方、昆夷、薰粥、獫狁是什麼關係？匈奴的族源究竟是什麼？眞是撲朔迷離，令人費解。王國維通過對先秦兩漢文獻及銅器銘文的研究，寫成《鬼方昆夷獫狁考》這篇重要學術論文。他說，匈奴的祖先是殷代的鬼方，殷王武丁和周文王之父王季都曾與之進行過大規模的戰爭。鬼方在古金文中寫作𢦏方、魃方，𢦏、魃皆古人畏字，漢人隸定經籍時，才把畏字都改爲鬼字。他從音韻學上找出大量證據，考出鬼方、昆夷、薰粥、獫狁，是一語之變，是同一族在不同時期的不同稱呼。他考定薰粥、獫狁是西周以前的先後稱呼。到春秋魯隱公、桓公之間始有戎號，莊公、閔公以後乃有狄號。戰國後方有胡、匈奴之號。戎、狄是華夏語，並非族名。是中原人出於敵愾，對匈奴人使用的惡稱，以至在追述其祖先時也用此惡名。經過他的悉心考釋，匈奴的族源及流變瞭如指掌，眞是發千古之蒙。

西元一九一二年，王國維把自己學術論著的精華輯爲《觀堂集林》一書，付梓刊行。當時，他才三十五歲。西元一九一六年，王國維從日本回國。之後撰《魏石經考》、《戩壽堂所藏殷墟文字》等作，並著力校輯韻書。西元一九一八年兼任哈同辦的倉聖明智大學教授。西元一九一九年應藏書家蔣汝藻之請，編《密韻樓書目》。西元一九二二年任北京大學研究所國學門通訊導師。

西元一九二三年，王國維從上海到北京，到紫禁城內的廢帝溥儀身邊當「南書房行走」，領五品銜。西元一九二五年，任清華學校國學研究院導師，致力於培養「以著述爲畢生事業」的國學專門人才，王國維在這裡所培養的學生，後來幾乎都成了文史學界的傑出之材。

西元一九二七年五月，王國維在激烈的矛盾中在北京頤和園投昆明湖自盡，時年五十。他的四十二種學術著作被結集爲《海寧王靜安先生遺書》，這是他留給後學的寶貴財富。

附論：王國維作爲一代史學大師，其主要成就在於以甲骨金文考證殷周史事，其所得超越乾嘉諸子甚遠，最精湛的是〈殷周制度論〉一篇。他從殷周禮制不同上看出殷周之際發生巨大的社會變革。當然他由於時代侷限只能看到當時政制和文化的劇變，不能更深一層看到政制、文化的劇變本於當時社會經濟的巨變，我們不應苛求先賢。僅就他在這篇文章中所述，如制度方面，周初建立嫡長制的宗法制度以及建立於其上的分封制、同姓不婚制來說，皆能言人所未言，而且能糾正漢儒論宗法的謬誤。他又據《尚書》，說周初政制與道德密切結合，即所謂敬德、保民，實周公治國的精義。我們現在還可以進一步說，儒家思想的淵源即在於此。

---

①按先釋爲夋，即《山海經》中的帝俊，是對的，後釋爲嚳是錯的。古人知有母，不知有父，故有「天命玄鳥，降而生商」之語，漢人以爲怪，生造契之母簡狄是帝嚳之妃，王氏誤從之。

本書所載史學家生平、著述一覽表

華曉林 編

姓名	籍貫	主要官職	主要著述
袁樞 一一三一—一二〇五	宋建州建安 （今福建建甌）	吏部員外郎、國史院編修官、大理少卿、工部侍郎等	《通鑑紀事本末》、《易傳解義》、《易學索隱》等
李心傳 一一六六—一二四四	宋隆州井研 （今四川井研縣）	著作佐郎、史館校勘、工部侍郎等	《建炎以來繫年要錄》、《建炎以來朝野雜記》、《舊聞證誤》、《道命錄》、《十三朝會要》、《中興四朝國史》、《春秋考義》、《讀史考》、《孝宗要略初草》、《誦詩訓》等

姓名	籍貫	主要官職	主要著述
胡三省 一二三〇—一三〇二	宋元之際寧海 （今浙江寧海）	縣令、府學教授等	《資治通鑑注》、《通鑑釋文辨誤》
馬端臨 一二五四—一三二三	宋元之際饒州樂平 （今江西樂平）		《文獻通考》、《多識錄》、《義根守墨》、《大學集傳》
柯維騏 一四九七—一五七四	明福建莆田 （今福建莆田）	南京戶部主事等	《宋史新編》、《史記考要》、《續莆陽文獻志》
王世貞 一五二六—一五九〇	明太倉 （今江蘇太倉）	太僕卿、應天府尹、南京刑部右侍郎、南京刑部尚書等	《弇山堂別集》、《弇州山人續稿》、《弇州史料》、《國朝叢記》、《筆記》、《觚不觚錄》等
李　贄 一五二七—一六〇二	明泉州晉江縣 （今福建泉州）	國子監博士、刑部主事、員外郎、姚安知府等	《藏書》、《續藏書》、《焚書》、《續焚書》、《李卓吾先生遺書》

姓名	籍貫	主要官職	主要著述
焦竑 一五四一—一六二〇	明江寧（今江蘇南京）	翰林院修撰、太子侍講官等	《焦氏筆錄》、《焦氏類林》、《玉堂叢語》、《國史經籍志》、《獻徵錄》
陳邦瞻 ?—一六二三	明高安（今江西高安）	浙江參政、福建按察使、河南布政使、兵部左侍郎等	《宋史紀事本末》、《元史紀事本末》、《蓮花山房集》
談遷 一五九三—一六五七	明海寧（今浙江海寧縣）		《國榷》、《棗林集》、《棗林外集》、《棗林外索》、《棗林雜俎》、《史論》、《海昌外志》、《北遊錄》等

姓名	籍貫	主要官職	主要著述
黃宗羲 一六一〇—一六九五	明末清初餘姚 (今浙江餘姚)		《宋元學案》、《明儒學案》、《明夷待訪錄》、《四明山志》、《匡廬遊錄》、《滇考》、《授時曆假如》、《西曆假如》、《授曆時故》、《大統曆推法》、《歷代甲子考》等
顧炎武 一六一三—一六八二	明末清初昆山縣 (今江蘇昆山)		《日知錄》、《天下郡國利病書》、《肇域志》、《音學五書》等
王夫之 一六一九—一六九二	明末清初衡州府 (今湖南衡陽市)		《讀通鑑論》、《宋論》、《永曆實錄》、《船山遺書》
谷應泰 一六二〇—一六九〇	明末清初直隸豐潤 (今河北豐潤縣)	戶部主事、員外郎、外補提督浙江學政僉事等	《明史記事本末》、《築益堂集》

姓名	籍貫	主要官職	主要著述
馬驌 一六二一—一六七三	明末初清鄒平（今山東鄒平縣）	淮安府推官、靈壁知縣等	《左傳事緯》、《繹史》
計六奇 一六二二—？	明末清初無錫（今江蘇無錫市）		《粵滇紀聞》、《南京紀略》、《金壇獄案》、《明季北略》、《明季南略》
萬斯同 一六三八—一七〇二	明末清初浙江鄞縣（今浙江寧波）		《明史稿》、《儒林宗派》、《廟制圖考》、《喪禮辨疑》、《廟制折衷》、《讀禮通考》、《石經考》、《聲韻源流考》、《歷代史表》、《明史表》、《紀元匯考》、《石鼓文考》、《明通鑑》、《羣書辨疑》、《石園文集》等

姓名	籍貫	主要官職	主要著述
全祖望 一七〇五—一七五五	清浙江鄞縣（今浙江寧波）		《宋元學案》、《漢書地理志稽疑》、《經史答問》、《續甬上耆舊詩》、《國朝甬上耆舊詩》
王鳴盛 一七二二—一七九七	清江蘇嘉定（今上海嘉定縣）	翰林院編修、侍講學士、光祿寺卿、內閣學士兼禮部侍郎等	《十七史商榷》、《蛾術編》、《尚書後案》、《周禮軍賦說》、《耕養齋詩文集》、《西沚居士集》
趙　翼 一七二七—一八一四	清江蘇陽湖（今江蘇常州市）	翰林院編修、鎮安知府、貴西兵備道等	《廿二史箚記》、《陔餘叢考》、《簷曝雜記》、《皇朝武功紀盛》、《甌北詩鈔》、《甌北詩話》、《甌北文集》

姓名	籍貫	主要官職	主要著述
錢大昕 一七二八—一八〇四	清江蘇嘉定 （今上海嘉定縣）	內閣中書、翰林編修、侍讀學士、少詹事、廣東提督學政等	《廿二史考異》、《十駕齋養新錄》、《元史氏族志》、《元史藝文志》、《潛研堂文集》、《潛研堂金石文跋尾》，參與編寫《續文獻通考》、《續通志》、《音韻述微》、《一統志》
章學誠 一七三八—一八〇一	清浙江會稽 （今浙江紹興）	國子監典籍等	《文史通義》、《校讎通義》，主修《湖北通志》、《和州志》、《永清縣志》等
崔　述 一七四〇—一八一六	清直隸魏縣 （今河北大名）	福建羅源、上杭知縣等	《考信錄》、《三代正朔通考》、《五服異同匯考》、《洙泗考信錄》、《補上考信錄》

姓名	籍貫	主要官職	主要著述
邵晉涵 一七四三—一七九六	清餘姚（今浙江餘姚）	翰林編修、侍講學士、國史館纂修官、國史館提調等	《四庫全書目錄提要史部分纂稿》、《爾雅正義》、《孟子述義》、《穀梁正義》、《韓詩內傳考》、《皇朝大臣謚迹錄》、《方輿金石編目》、《輶軒日記》、《江南札記》等，以及輯佚《舊五代史》
魏　源 一七九四—一八五七	湖南邵陽	內閣中書舍人候補、知縣、知州等	《海國圖志》、《皇朝經世文編》、《聖武記》、《道光洋艘征撫記》、《元史新編》、《書古微》、《詩古微》、《古微堂集》等
夏　燮 一八〇〇—一八七五	安徽當塗	訓導、知縣等	《中西紀事》、《明通鑑》、《五服釋例》、《述均》

姓名	籍貫	主要官職	主要著述
張穆 一八〇五—一八四九	山西平定州 （今山西平定）		《顧亭林年譜》、《蒙古遊牧記》、《延昌地形志》（未完）、《殷齋詩文集》
黃遵憲 一八四八—一九〇五	廣東嘉應州 （今廣東梅州）	駐日、英參贊，駐美舊金山總領事等	《日本國志》、《日本雜事詩》、《人境廬詩草》
梁啓超 一八七三—一九二九	廣東新會	袁政府司法總長、幣制總裁、段政府財政部長等	《中國史敍論》、《新史學》、《中國近三百年學術史》、《清代學術概論》、《中國歷史研究法》、《歷史統計學》、《辛稼軒年譜》等，合編爲《飲冰室合集》

姓名	籍貫	主要官職	主要著述
王國維 一八七七—一九二七	浙江海寧	學部總務司行走、北京大學研究所和清華研究院教授等	《殷虛書契前、後編》、《殷周制度論》、《流沙墜簡》、《鬼方昆夷獫狁考》等等，合編爲《觀堂集林》和《海寧王靜安先生遺書》

編後記

我國究竟有多少歷史文獻？這是不大容易講清楚的。歷來有個比喩性的說法，叫做：「汗牛充棟」，「浩如煙海」。這是我們中國人自己這樣說的。

我國歷史上究竟有多少史學家？這也是不大容易講清楚的。有個比較性的說法，叫做：「中國『歷史作家』的層出不窮、繼續不斷，實在是任何民族所比不上的。」（黑格爾《歷史哲學》第一六一頁，王造時譯，三聯書店西元一九五六年版）這是歐洲一位偉大的哲學家這樣講的。

誠然，這兩個說法都不是具體的、精確的，但它們肯定了一個事實：我國歷史文獻的浩繁豐富和歷史學家的人才輩出，在世界各國的文化發展史上，是罕與其匹的。這無疑也是我們中華民族文化發展綿延不絕、垂數千年而未曾中斷的一個重要方面。

這本《小傳》所介紹的三十位史學家，以及所涉及到史學著作，上起公元前五世紀，下迄本世紀二十年代我國馬克思主義史學創建以前，雖還不能反映中國史學的全貌，但就這些史學家的思想、治學旨趣、撰述成就和他們對於史學事業的崇高信念與執著追求的精神來看，卻也能給我們留下一些難忘的印象。唯其如此，它是否也可以被看作是中國史學家面貌的一個縮影。

謂之「小傳」，其意有二。一是篇幅上文字不多，一般在四、五千字，便於閱讀。二是內容上不求全面，希望於一人一事的敍述中，勾勒出這些史學家的不同的特點和風采，或可感、可敬，或可學習、可借鑑，都是寶貴的史學遺產，值得批判繼承，發揚光大。這對於今天的文史工作者和文史愛好者了解過往的歷程，開創未來的道路，或許可以起到一點啓發的作用。

《小傳》的作者，有年逾古稀的學者，也有二十多歲的青年朋友，而中年史學工作者則佔了半數以上。學術上三代人的合作，是這本小書得以產生的條件，也是它的一個特點。

編者受理論水平和學識水平所限，致使這本小書一定還存在不少缺點乃至錯誤的地方，懇切希望學術界專家和熱情的讀者予以指正。

瞿林東　楊牧之

一九八六年五月一日

筆記欄

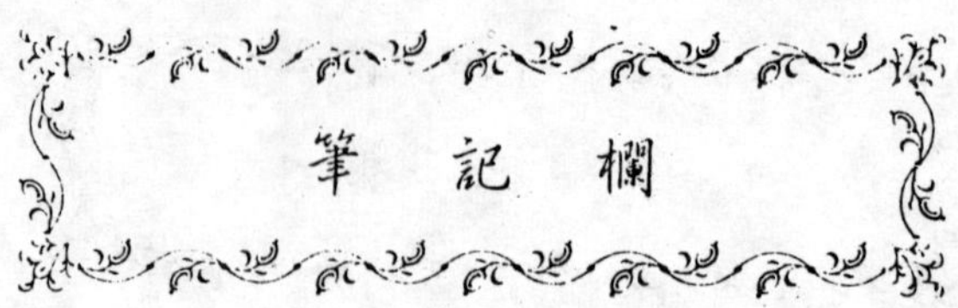

筆記欄

國立中央圖書館出版品預行編目資料

中國古代史學人物／何茲全，趙儷生等著．－－初版．－－臺北市：萬卷樓發行：三民總經銷，民78

冊；　公分．－－（傳記類叢書；3）

ISBN 957-739-102-8（平裝）

1.中國－史學－傳記

601.98　　　　83001678

中國古代史學人物（下）

著　　者：賴長揚等
發 行 人：葉曉珍
總 編 輯：許錟輝
責任編輯：溫美凌
發 行 所：萬卷樓圖書有限公司
台北市和平東路一段67號14樓之1
電話(02)3216565・3952992
FAX(02)3944113
劃撥帳號15624015
總 經 銷：三民書局股份有限公司
台北市復興北路386號
訂書專線(02)5006600（代表號）
FAX(02)5164000・5084000
承印廠商：晟齊實業有限公司
定　　價：200元
出版日期：民國78年12月初版
民國83年8月初版二刷
出版登記證：新聞局局版臺業字第伍陸伍伍號

ISBN 957-739-102-8